NO PLASTIC!

101 einfache Wege, auf Plastik zu verzichten

Harriet Dyer

W0247403

arsEdition

Titel der Originalausgabe:
Say No To Plastic. 101 Easy Ways to Use Less Plastic
Copyright © Summersdale Publishers Ltd., 2018
All Rights Reserved.
Published by arrangement with Summersdale Publishers Ltd.

Deutsche Ausgabe:
© 2019 arsEdition GmbH, Friedrichstr. 9, 80801 München
Alle Rechte vorbehalten

Übersetzung aus dem Englischen: Barbara Stiller
Covergestaltung: arsEdition GmbH
Satz Innenteil: Daniela Schulz
ISBN 978-3-8458-3119-0
1. Auflage

www.arsedition.de

MIX
Papier aus verantwor-
tungsvollen Quellen
FSC® C002795

INHALT

WAS IST SO SCHLIMM AN PLASTIK?

EINE KURZE EINFÜHRUNG

Wenn du das hier liest, möchtest du vermutlich deinen Plastikverbrauch zurückschrauben, weißt aber wahrscheinlich noch nicht ganz, wo du anfangen sollst. Kein Wunder, schließlich ist Plastik heutzutage überall. Die gute Nachricht ist: Auf Plastik zu verzichten, ist oft leichter als gedacht.

In diesem Buch findest du 101 Wege zu kleinen Veränderungen, die bereits einen großen Unterschied machen können. Am Anfang genügt es schon, nur eine einzige Veränderung im Alltag vorzunehmen. Beginne zum Beispiel damit, ein Stück Seife anstelle von Duschgel aus der Plastikflasche zu verwenden, oder entscheide dich im Supermarkt häufiger für das lose Gemüse anstelle von verpacktem. Versuche, das Ganze eine Woche lang durchzuhalten. Wenn dir das gelungen ist, verlängere deinen Selbstversuch um einen Monat und nimm dann eine zusätzliche Veränderung in Angriff. Auf diese Weise baust du deinen Erfolg Schritt für Schritt immer weiter aus. Sollte dir eine Umstellung hingegen mal besonders schwerfallen, kannst du dir jederzeit einen anderen Tipp vornehmen.

Dieses Buch soll dir in erster Linie dabei helfen, deinen Plastikkonsum zu reduzieren. Daher werden andere Faktoren wie der ökologische Fußabdruck alternativer Materialien an dieser Stelle auch erst einmal außen vor gelassen.

Um unseren übermäßigen Plastikkonsum im Alltag erfolgreich herunterzuschrauben, sollten wir drei grundlegende Prinzipien im Umgang mit Müll im Hinterkopf behalten: vermeiden, verwerten und recyceln. Dieses Buch soll dir zeigen, wie die unterschiedlichen Arten von Kunststoffen korrekt entsorgt werden, wie Einwegplastik sinnvoll wiederverwendet werden kann und wie du nachhaltige Entscheidungen triffst, mit denen du deinen Plastikkonsum dauerhaft reduzierst.

Natürlich wissen wir alle, dass das Leben auch so schon anstrengend genug sein kann. Daher findest du neben jedem Tipp in diesem Buch weitere Informationen, die dir dabei helfen sollen, zu entscheiden, ob die jeweilige plastikreduzierende Maßnahme auch zu deinem Lebensstil passt. Im Folgenden findest du eine kurze Übersicht über die entsprechenden Symbole und ihre Bedeutung:

LEGENDE

Preisgünstige Alternative zu Plastikprodukten	Alternative, die in nahezu allen Geschäften zu finden ist	Alternative zum Selbermachen
Tipp, um deinen Plastikkonsum zu reduzieren	Plastikfreie Alternative	Tipp, um das Leben von Plastikprodukten zu verlängern
Option, die mit einer Geldspende verbunden ist	Option, die mit einer Zeitspende verbunden ist	Tipp, um im Alltag einfach umzudenken

Allein im Jahr 2016 wurden weltweit
rund 335 Millionen Tonnen Plastik
produziert. Das entspricht dem Gewicht
von rund zwei Millionen Blauwalen.

DIE ZERFALLSZEITEN IM ÜBERBLICK

5 Tage – 1 Monat	Obst und Gemüse
2–5 Monate	Papier
6 Monate	Baumwollhemden
1–5 Jahre	Wollsocken
25–40 Jahre	Lederschuhe
30–40 Jahre	Nylonstoffe
50–100 Jahre	Konservendosen
80–100 Jahre	Aluminiumdosen
500 Jahre und mehr	Styroporbecher
500 Jahre und mehr	Plastiktüten
1 Million Jahre	Glasflaschen

WÜRDE MAN JEDES STÜCK PLASTIKMÜLL, DAS WELTWEIT IN EINEM JAHR AUF DEN MÜLLKIPPEN LANDET, ANEINANDERREIHEN, WÜRDE MAN DIE ERDE DABEI VIERMAL UMRUNDEN.

PLASTIK MACHT ZEHN PROZENT DES GESAMTEN MÜLLAUFKOMMENS AUS.

ALLEIN IM JAHR 2017 WURDEN IN DEUTSCHLAND MEHR ALS 6,1 TONNEN PLASTIKMÜLL PRODUZIERT.

RUND ACHT PROZENT DER WELTWEITEN ÖLPRODUKTION WERDEN ZUR HERSTELLUNG VON PLASTIK VERWENDET – OBWOHL DIE ÖLVORKOMMEN IMMER KNAPPER WERDEN. BEI PLASTIK KANN DAHER WOHL KAUM VON EINEM NACHHALTIGEN MATERIAL GESPROCHEN WERDEN.

Rund acht Millionen Tonnen Plastik
landen jedes Jahr im Meer.

Der Müll im Ozean ist für den
Tod von rund einhunderttausend
Meeressäugern, also Wale,
Delfine und Robben pro
Jahr verantwortlich.

Darüber hinaus sterben jährlich
rund eine Million Seevögel infolge
der Meeresverschmutzung.

Kunststoffgranulat, auch bekannt als Nurdles oder Pellets, wird zur Herstellung von Plastikprodukten verwendet. Oftmals gelangt das Granulat beim Verladen oder während des Transports auf Containerschiffen versehentlich ins Meer und verschmutzt großflächig die Umwelt. Eine Untersuchung im kalifornischen Orange County kam sogar zu dem Schluss, dass die Plastikkügelchen inzwischen die am häufigsten an Stränden anzutreffende Form der Verschmutzung darstellen – auch deutsche Strände wie auf der Nordseeinsel Borkum sind davon betroffen. Nurdles sind vor allem deshalb ein so großes Problem, weil sie nicht zersetzt werden, sondern lediglich in immer kleiner werdende Teilchen zerfallen. Diese werden unter anderem von Meerestieren gefressen – mit teils verheerenden Folgen. Aufgrund der geringen Größe des Plastikgranulats ist es zudem nahezu unmöglich, die Natur wieder davon zu befreien, wenn es erst einmal ins Meer gelangt ist.

Nicht nur die Umwelt leidet unter den
wachsenden Plastikbergen. Kunststoffe
werden aus unterschiedlichen Chemikalien
hergestellt, von denen einige giftige oder
krebserregende Bestandteile enthalten.
Obwohl Plastik nur sehr langsam zersetzt
wird, können Sonne und Luft den Zerfall
der Materialien beschleunigen, wodurch
schädliche Stoffe an die Umwelt abgegeben
werden. Auch der Mensch kann mit solchen
Substanzen in Kontakt kommen und den
Chemikalien ausgesetzt sein, zum Beispiel
beim Trinken aus einer Plastikflasche,
die längere Zeit in der Sonne stand.

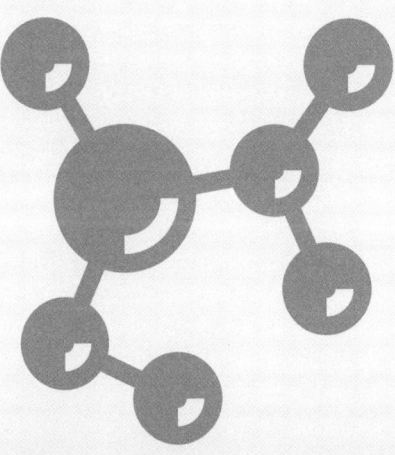

NO PLASTIC!

Um Plastikmüll zu reduzieren, muss man zunächst wissen, was davon recycelt werden kann und welche Produkte wiederverwendet werden können. Im Folgenden findest du eine kurze Übersicht über die gängigsten Kunststoffarten:

- PET oder PETE (Polyethylenterephthalat) wird vorwiegend zur Herstellung transparenter Trinkflaschen oder auch Lebensmittelverpackungen verwendet. Produkte aus PET können recycelt, aber nicht wiederverwendet werden.
- PE-HD oder HDPE (Hart-Polyethylen) wird unter anderem zur Herstellung von Waschmittel- und Shampooflaschen verwendet. Produkte aus PE-HD können sowohl recycelt als auch wiederverwendet werden.
- PVC (Polyvinylchlorid) wird unter anderem zur Herstellung von sogenannten Schrumpffolien, Duschvorhängen oder Kinderspielzeug verwendet. Produkte aus PVC sind nur schwer zu recyceln.
- PE-LD oder LDPE (Weich-Polyethylen) wird zur Herstellung von Müllbeuteln, Plastiktüten, Dosierflaschen und Plastiktuben verwendet. Produkte aus PE-LD sind schwer zu recyceln, doch es gibt Ansätze, um dieses Problem zu lösen.
- PP (Polypropylen) wird unter anderem zur Herstellung von Flaschenverschlüssen, Margarinebechern, Chips- und Cornflakestüten sowie Strohhalmen verwendet. Produkte aus PP können wiederverwendet und zum Teil auch recycelt werden.
- PS (Polystyrol) wird vor allem zur Herstellung von Lebensmittelverpackungen sowie Einwegbechern verwendet. Produkte aus PS sind nicht wiederverwendbar und bislang schwer zu recyceln. An Lösungsansätzen wird allerdings gearbeitet.
- Darüber hinaus gibt es noch weitere Kunststoffarten wie Polymethylmethacrylat, Nylon und Polycarbonat sowie Produkte, die aus einer Mischung verschiedener Kunststoffe bestehen. Diese sind meist nicht wiederverwendbar und nur schwer zu recyceln.

IM
BADEZIMMER

EINLEITUNG

Um Plastik nach und nach aus dem Alltag zu verbannen, lohnt es sich, sich zunächst einen Überblick über die Produkte zu verschaffen, die man täglich nutzt. Auch ein Blick auf die Inhaltsstoffe kann sich lohnen, zum Beispiel bei Haarspülungen oder Zahnpasta.
Vor allem durch Produkte, die wir täglich verwenden, fällt oft jede Menge Müll an. Doch keine Sorge: Du wirst überrascht sein, wie viele einfache und kostengünstige Alternativen es gibt.

HAARE WASCHEN MIT FESTEM SHAMPOO UND CONDITIONER

Shampoos und Pflegespülungen sind Produkte, die in fast allen Badezimmern zu finden sind und von den meisten Menschen nahezu täglich verwendet werden. Das bedeutet jedoch auch, dass sie regelmäßig verbraucht werden und ersetzt werden müssen, was wiederum zur Folge hat, dass mit der Zeit unzählige leere Plastikflaschen in den Müll wandern. Haarpflegeprodukte aus der Flasche können allerdings ganz leicht durch feste Shampoos und Conditioner ersetzt werden. Diese sogenannten Solidshampoos sehen aus wie ein Stück Seife und werden oftmals ohne Verpackung oder nur in Papier und Karton gewickelt angeboten. Erhältlich sind feste Shampoos und Conditioner inzwischen nicht mehr nur online, sondern auch in zahlreichen Geschäften, wie zum Beispiel bei Lush oder dm. Mittlerweile gibt es sogar eine ganze Palette an festen Shampoos für Haare mit »speziellen Bedürfnissen«, auch für besonders trockenes, dünnes oder fettiges Haar. Auf diese Weise muss man seine Frisur nicht opfern, um den Planeten zu retten!

2

FESTE SEIFE STATT DUSCHGEL

Flüssigseife und Duschgel durch ein Stück Seife zu ersetzen, ist wahrscheinlich einer der Tipps in diesem Buch, der mit dem geringsten Aufwand verbunden ist. Der ein oder andere benutzt zum Händewaschen vermutlich ohnehin schon ein Stück feste Seife. Ohne es zu merken, trägst du so bereits dazu bei, Plastikmüll zu reduzieren. In Supermärkten und Drogerien gibt es eine große Auswahl an Stückseifen – von Seifen ganz ohne Duftstoffe bis hin zu teuren Seifen mit besonders edlen Inhaltsstoffen. Zugegeben: Wer ein Stück Seife anstelle eines Seifenspenders nutzt, muss vielleicht häufiger zum Putzlappen greifen, eine kleine Keramikschale reicht in der Regel allerdings schon aus, um das Badezimmer sauber zu halten.

KOSMETIKA OHNE MIKRO-PLASTIK UND MICROBEADS

3

Bei Mikroplastik und sogenannten Microbeads handelt es sich um Kunststoffpartikel, die kleiner als fünf Millimeter sind. Diese festen Plastikteilchen sind biologisch nicht abbaubar. Dennoch finden sie sich in zahlreichen Produkten zur Körperpflege sowie in Kosmetika. Vor den Auswirkungen von Mikroplastik auf die Natur wird unterdessen bereits seit Jahren gewarnt. Die Deutsche Umwelthilfe fordert deshalb ein Verbot von Mikroplastik, unter anderem in Reinigungsmitteln sowie in Hygiene- und Kosmetikartikeln. In anderen Ländern wie Schweden, Großbritannien und Italien sind solche Gesetze bereits in Kraft. Bisher kommt Mikroplastik allerdings noch in zahlreichen Produkten zum Einsatz, zum Beispiel in Lippenstift, Sonnencreme und diversen Waschmitteln. Um Produkte mit Mikroplastik zu meiden, sollte man auf der Liste der Inhaltsstoffe deshalb immer Ausschau halten nach Polyethylen (PE), Polymethylmethacrylat (PMMA), Polytetrafluorethylen (PTFE) und Nylon.

4

ZÄHNEPUTZEN OHNE PLASTIK

Ein leichter erster Schritt zu einem plastik-
freien Leben beginnt mit einem Blick auf
die Zahnbürste. Die meisten Zahnbürsten-
borsten bestehen nach wie vor aus Nylon
und sind somit nicht recycelbar. Inzwischen
gehen jedoch immer mehr große Hersteller
dazu über, zumindest das Handstück ihrer
Zahnbürsten aus recycelbarem Plastik her-
zustellen. Die beste CO_2-Bilanz können allerdings nach wie vor Zahnbürsten aus Bambus
oder Holz verzeichnen. Diese sind inzwischen
nicht mehr nur online, sondern auch bei Drogerieketten wie dm und Rossmann erhältlich.
Darüber hinaus sind Bambuszahnbürsten
meist nur in Karton verpackt und können
recycelt oder auch kompostiert werden.
Zwar bestehen die Borsten von Bambuszahnbürsten ebenfalls häufig aus Nylon, manche
Zahnbürsten sind jedoch auch vollständig
kompostierbar. Vegetarier oder Veganer
müssen bei der Wahl ihrer Zahnbürste allerdings beachten, dass die kompostierbaren
Borsten meist aus Schweinehaar bestehen,
einem Nebenprodukt der Fleischindustrie.

ZAHNPUTZTABLETTEN STATT ZAHNPASTA AUS DER TUBE

5

Zahnpastatuben bestehen in der Regel aus Kunststoff und sind daher nicht oder nur schwer recycelbar. Gerade weil Zahnpasta häufig verwendet und verbraucht wird, fällt durch die Kunststofftuben jede Menge Müll an. Der Umstieg auf Zahnputztabletten ist daher eine besonders wirkungsvolle Maßnahme, um Plastik einzusparen. Die kleinen Kautabletten sind inzwischen in den unterschiedlichsten Geschmacksrichtungen erhältlich und werden vorwiegend in recycelbaren Verpackungen aus Glas oder Karton angeboten. Manche Geschäfte bieten die Tabletten aber auch komplett ohne Verpackung an.

6

RASIERHOBEL STATT EINWEGRASIERER

Einwegrasierer produzieren laufend Plastikmüll. Meist bestehen nicht nur die Rasierer selbst aus Kunststoff, sondern auch ihre Verpackungen. Doch selbst Damenrasierer mit Ersatzklingen sparen kaum Müll ein. Eine nachhaltige Alternative bietet der klassische Rasierhobel. Diese sogenannten Sicherheitsrasierer bestehen für gewöhnlich komplett aus Metall. Ausgetauscht werden letztendlich nur noch die Klingen selbst. Der Plastikmüll im Badezimmer lässt sich dadurch drastisch reduzieren. Die Anschaffungskosten sind zwar etwas höher als bei herkömmlichen Rasierern, dafür sind die Ersatzklingen deutlich günstiger. Genau wie andere Rasierer können auch Rasierhobel für den ganzen Körper verwendet werden. Die Hersteller unterteilen ihre Produkte zwar meist noch immer in Damen- und Herrenrasierer, letztendlich fallen die Unterschiede zwischen den Modellen aber nur sehr gering aus.

BADEN MIT BADEBOMBEN UND FESTEN SCHAUMBÄDERN

Wer der Umwelt zuliebe auf Plastik verzichten möchte, muss nicht auf Luxus verzichten. Entspannende Schaumbäder kann man sich auch ohne Badezusätze aus der Plastikflasche gönnen. Feste Badebomben kommen meist komplett ohne Verpackung aus und sind in allen Farben und Formen erhältlich. Zudem verleihen sie dem Bad einen dramatischen Effekt. Feste Schaumbäder sorgen zusätzlich für eine Schaumkrone in der Wanne. Aber Achtung: Oftmals sind auch feste Badezusätze beim Kauf aufwendig verpackt oder in Folie eingewickelt.

8

ABSCHMINKEN OHNE MAKE-UP-REINIGUNGSTÜCHER

Wegwerf-Reinigungstücher sind vielleicht praktisch, um Make-up zu entfernen, verursachen aber unnötigen Abfall. Außerdem sind sie weniger effizient als Wattepads in Kombination mit flüssigem Make-up-Entferner. Viele Reinigungstücher sind nicht biologisch abbaubar, sodass sie auf Müllhalden landen oder die Kanalisation verstopfen. Am wenigsten Müll wird durch wiederverwendbare und waschbare Abschminkpads aus Baumwolle produziert. Diese können auch einfach aus alten Handtüchern selbst genäht werden – im Internet gibt es viele Anleitungen dazu. Wiederverwendbare Abschminkpads müssen zwar gelegentlich gewaschen werden, doch dafür schonen sie die Umwelt, da sie zusätzlichen Verpackungsmüll aus Plastik vermeiden.

KOKOSÖL ALS MAKE-UP-ENTFERNER

Kokosöl ist ein wahres Wundermittel, mit dem man zwei Fliegen mit einer Klappe schlagen kann: Man kann es nicht nur zum Kochen verwenden, es ersetzt auch viele Kosmetika – und somit Plastikflaschen. Kokosöl spendet der Haut Feuchtigkeit, ist ein prima Make-up-Entferner und kann auch als Basis für Körperpeelings verwendet werden. Als Make-up-Entferner einfach etwas Kokosfett im Handteller erwärmen, bis es flüssig ist. Anschließend auf die Haut auftragen und kurze Zeit einwirken lassen. Danach mit einem Watte- oder wiederverwendbaren Make-up-Pad entfernen. Selbst hartnäckiges Make-up wie wasserfeste Mascara lässt sich damit einfach entfernen. Darüber hinaus pflegt Kokosöl und wird – abgesehen von fettiger Haut – von den meisten Hauttypen gut vertragen.

10

WATTESTÄBCHEN OHNE KUNSTSTOFFSTIELE

Kunststoffstiele von herkömmlichen Wattestäbchen werden häufig an Stränden gefunden, nachdem sie die Toilette heruntergespült wurden. Einige Länder und große Firmen haben deshalb bereits die Reißleine gezogen: In Italien und Schottland wurde der Verkauf von Wattestäbchen mit Kunststoffstielen beispielsweise verboten. Letztendlich kann jedoch jeder seinen Teil dazu beitragen, dass die Strände sauber bleiben: Wattestäbchen mit Pappe- oder Bambusstielen gibt es online und in vielen Geschäften zu kaufen, und die aus Bambus haben sogar noch den Vorteil, dass sie auf den Kompost oder in die Biotonne geworfen werden können, anstatt die Müllberge noch größer werden zu lassen.

PEELINGS SELBER MACHEN

Für schöne und gesunde Haut muss man nicht unbedingt viel Geld für Duschgels und Peelings ausgeben. Derselbe Effekt kann oft schon mit Zutaten erreicht werden, die in jedem Haushalt zu finden sind – und man spart dabei sogar noch jede Menge Plastikmüll. Kokos- (alternativ Rizinus- oder Mandelöl) und Zucker sind die beiden wesentlichen Bestandteile, die man zur Herstellung von selbst gemachten Peelings braucht. Brauner Zucker und Zimt ergeben zum Beispiel ein weihnachtliches Peeling, ein wenig Pfefferminzöl wirkt hingegen besonders erfrischend. Lebensmittelfarben machen das Peeling zusätzlich ein wenig bunter. In einem Schraubglas ausgestellt sieht das im Badezimmer auch noch hübsch aus. Das Grundrezept für das Peeling findest du auf S. 126.

12

HAARE FÄRBEN MIT HENNA

Wer seine Haare braun, schwarz oder rot färben möchte, kann durch den Wechsel von herkömmlichen Haarfärbemitteln zu Henna ebenfalls Plastikmüll einsparen. Allein durch die Fläschchen mit den Färbemitteln, die Plastikbehälter zum Anmischen der Coloration, die Applikatoren und die Handschuhe fallen jedes Mal, wenn man sich die Haare zu Hause färbt, große Mengen an nicht recycelbarem Müll an. Henna-Farbe ist hingegen auch in Form von festen Blöcken erhältlich und wird zudem meist ohne Verpackung verkauft. Auch die Anwendung selbst ist kinderleicht. Der einzige Nachteil: Zum Färben mit Henna benötigt man ebenfalls Handschuhe, andernfalls bekommen auch die Hände Farbe ab. Außerdem ist die Auswahl an Farben begrenzt. Die Haare aufzuhellen ist mit Henna ebenfalls nicht möglich. Trotzdem ist und bleibt Henna eine tolle Alternative für alle, die den Planeten mit aufgefrischter Haarfarbe retten wollen.

LIPPENBALSAM OHNE PLASTIKHÜLSEN

Lippenpflegestifte machen süchtig, gehen aber gerne mal verloren. Das führt nicht nur zu trockenen und spröden Lippen, sondern hat auch zur Folge, dass Dutzende kleine Plastikhülsen in unseren Taschen verschwinden – und letztendlich oft in den Müll wandern, wenn sie nach Jahren wieder auftauchen. Die Verwendung von Lippenbalsam aus kleinen Metalltiegeln anstelle von herkömmlichen Lippenpflegestiften hat in diesem Fall zumindest den Vorteil, dass die kleinen Blechtiegel recycelt oder wiederverwendet werden können, nachdem sie jahrelang in einer Manteltasche vergessen wurden. Beispielsweise sind die leeren Metalltiegel ideal, um auf Reisen selbst gemachte Peelings oder Make-up-Entferner zu verstauen.

14 UMWELTFREUNDLICHE TAMPONS UND BINDEN

Auch der Verbrauch von Tampons und Binden hat einen großen Einfluss auf die Umwelt. Nicht nur Tamponhüllen produzieren laufend Müll, allein durch eine einzelne Binde fällt zum Teil ähnlich viel Kunststoff an wie durch fünf Plastiktüten. Angesichts der Tatsache, dass rund die Hälfte der Weltbevölkerung jeden Monat auf Binden und Tampons angewiesen ist, entsteht so jede Menge Plastikmüll. Doch zum Glück gibt es bereits einige umweltfreundliche und nachhaltige Alternativen. Immer mehr Hersteller wie Natracare, Yoni oder Jessa bieten Tampons und Binden aus unbehandelter Baumwolle an, die biologisch abbaubar und kompostierbar sind. Ihre Verpackungen bestehen häufig aus Materialien wie Papier und Pappe oder aus biologisch abbaubarer Mais- und Kartoffelstärke. Nur die Schutzhülle um die Tampons herum besteht noch immer mehrheitlich aus Plastik.

MONATSHYGIENE NACHHALTIG GESTALTEN

Nachhaltige Damenhygieneprodukte wie Stoffbinden oder Menstruationsunterwäsche machen Wegwerfartikel aus Plastik nahezu überflüssig. Die Anschaffungskosten sind zwar deutlich höher, dafür können beide Varianten ganz einfach in die Waschmaschine geworfen und wiederverwendet werden. Menstruationstassen aus Silikon hingegen werden wie ein Tampon im Körper getragen. Die sogenannten Menstruationsbecher sind inzwischen nicht mehr nur online, sondern auch in Drogerieketten erhältlich. Gegenüber anderen Produkten bietet die Menstruationstasse den Vorteil, dass sie zwischen acht und zwölf Stunden im Körper verbleiben und anschließend einfach entleert, mit Wasser ausgespült und wiederverwendet werden kann. Zusätzlich sollten die Tassen aber auch in regelmäßigen Abständen mit kochendem Wasser gereinigt werden. Die Suche nach einer Menstruationstasse in der passenden Größe und mit dem angenehmsten Tragekomfort kann zwar eine Weile dauern, dafür ist sie auf lange Sicht besonders schonend für die Umwelt.

16

UMWELTFREUNDLICHE KONDOME

Kondome sind nach wie vor die sicherste Methode, um sich und seinen Partner vor sexuell übertragbaren Krankheiten zu schützen. Daher sollte die Frage nach der Ökobilanz in diesem Fall nicht im Vordergrund stehen. Die gute Neuigkeit ist jedoch, dass Latexkondome meist aus Naturkautschuk hergestellt werden und somit kompostierbar sind. Nur die Verpackungen bestehen bisher noch aus Plastik und sind nicht recycelbar. Inzwischen machen sich jedoch auch Unternehmen Gedanken darüber, wie sie das Sexleben ihrer Kunden umweltfreundlicher gestalten könnten. Hersteller wie einhorn garantieren daher nicht nur eine faire und nachhaltige Produktion ihrer Kondome, sondern arbeiten auch an neuen, umweltfreundlichen Verpackungsmaterialien.

NACHHALTIGE WINDELN

Neugeborene brauchen rund zwölfmal am Tag eine frische Windel. Allein durch Wegwerfwindeln fallen in Deutschland so Schätzungen zufolge rund 4,5 Tonnen Müll pro Jahr an. Doch es gibt zwei Möglichkeiten, um dieses Problem zu lösen: biologisch abbaubare Windeln und Stoffwindeln. Biologisch abbaubare Windeln sind zwar ebenfalls Einmal-Produkte, können aber kompostiert werden und lassen die Müllberge dadurch förmlich schrumpfen. Stoffwindeln hingegen haben eine Lebensdauer von zweieinhalb Jahren und sind daher eine umweltfreundlichere wie auch kostengünstige Alternative zu herkömmlichen Windeln. Manche Eltern finden die Saugfähigkeit von Stoffwindeln allerdings mangelhaft. Außerdem kostet es Zeit und Energie, die Windeln laufend zu waschen und zu trocknen. Man muss sich jedoch nicht zwangsläufig für das eine oder das andere entscheiden: Natürlich ist es ohne Weiteres möglich, zwischen Stoffwindeln und regulären Windeln abzuwechseln. Jede eingesparte Windel macht bereits einen spürbaren Unterschied.

18 NACHFÜLLEN BITTE!

Immer mehr Hersteller von Kosmetik- und Pflegeprodukten schreiben sich Nachhaltigkeit und Fairness auf die Flaggen. Viele von ihnen verwenden zwar nach wie vor Kunststoffverpackungen, bieten ihren Kunden jedoch an, die Verpackungen nachfüllen zu lassen, anstatt sie komplett nachzukaufen. Auch für Kosmetika, insbesondere Shampoos, Öle und Cremes, wird ein solcher Refill-Service in einigen Geschäften angeboten. Andere Unternehmen arbeiten mit Pfandsystemen oder schaffen besondere Anreize, um ihre Kunden dazu zu animieren, ihre Einzelverpackungen zurückzubringen und durch den Hersteller recyceln zu lassen. Wer solche Angebote nutzt, spart meist nicht nur Plastikmüll, sondern auch Geld. Indem wir nachhaltige Unternehmen unterstützen, können wir als Verbraucher zugleich ein wichtiges Signal an die Hersteller senden und Anreize für andere Unternehmen schaffen, ebenfalls mehr umweltfreundliche Alternativen anzubieten.

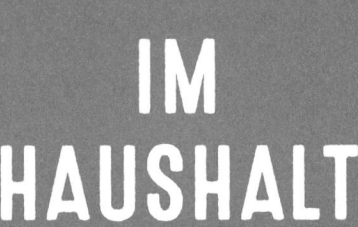

IM
HAUSHALT

EINLEITUNG

Plastik hat sich langsam, aber sicher in unseren Haushalten breitgemacht. Man könnte fast den Eindruck gewinnen, dass es inzwischen unmöglich wäre, im Alltag auf Kunststoffe zu verzichten. Doch der Umstieg auf einen plastikarmen Lebensstil ist deutlich leichter, als man denkt. Plastikfrei einzukaufen oder zu putzen, bedeutet in vielen Fällen einfach nur, auf Altbewährtes zurückzugreifen oder seinen Alltag zu entschleunigen und ein wenig minimalistischer zu gestalten. Zum Beispiel indem wir ein Produkt zu mehreren Zwecken nutzen oder wieder häufiger vor Ort einkaufen gehen.

ALTERNATIVEN ZU KÜCHENREINIGERN

Die meisten Läden bieten eine Vielzahl verschiedener Küchenreiniger in bunten Plastikflaschen an, die alle darauf ausgelegt sind, schnell verbraucht und entsorgt zu werden. Das Ganze lässt sich jedoch umgehen, indem man seinen Putzmittelverbrauch reduziert und die Augen nach umweltfreundlicheren Alternativen offen hält. Waschsoda, Natron und Zitronensäure beispielsweise sind meist in größeren Mengen und nur in Karton verpackt erhältlich, was sie zu einer nachhaltigen und gleichzeitig besonders kostengünstigen Alternative zu herkömmlichen Küchenreinigern macht. Erhältlich sind die kleinen Putzwunder in der Regel sowohl in Supermärkten als auch in Drogerien.

20 NACHHALTIGE SPÜLBÜRSTEN UND -SCHWÄMME

Nicht nur durch Putzmittelflaschen fällt im Haushalt immer wieder Müll an. Die meisten Putzhelfer wie Spülbürsten, -schwämme und -tücher sind zwar keine Einmal-Produkte, wandern aber trotzdem häufig nach kurzer Zeit in die Tonne. Bürsten mit auswechselbaren Köpfen sind ein erster Schritt, um Plastikmüll einzusparen. Das Leben einer Spülbürste oder eines Spülschwamms kann jedoch auch verlängert werden, indem man sie abkocht, in der Spülmaschine mitspült oder für einige Sekunden in die Mikrowelle legt. Auf diese Weise werden Bakterien abgetötet und der Kauf eines neuen Produkts zumindest hinausgezögert. Alternativ gibt es eine ganze Auswahl an Spülbürsten aus Holz und Naturborsten, die nachhaltig hergestellt und nahezu vollständig kompostierbar sind, sowie Schwämme und Spültücher aus nachhaltigen Materialien.

ALTERNATIVEN ZU BADREINIGERN

Genau wie herkömmliche Küchenreiniger sind auch Badreiniger nur selten nachhaltig verpackt. Wer danach sucht, findet allerdings gute Alternativen. Waschsoda, Natron und Zitronensäure beispielsweise können nicht nur in der Küche eingesetzt werden, sondern ersetzen nahezu alle Haushaltsreiniger und beseitigen auch Schmutz und Kalk im Badezimmer zuverlässig. Wer sich Sorgen um Keime macht, kann zusätzlich auf ein weiteres altbewährtes Hausmittel zurückgreifen: Karbolseife. Die desinfizierend wirkende Seife ist überwiegend in recycelbaren Materialien wie Karton oder Papier erhältlich. Vor der Einführung moderner Desinfektionsmittel wurde Karbolseife sogar in Krankenhäusern eingesetzt. Zum Putzen wird die Seife einfach in warmes Wasser gehobelt und kann so nach wenigen Minuten auf allen Oberflächen im Bad verwendet werden.

22 ESSIG STATT TOILETTENREINIGER

Auch penibelstes Schrubben ändert nichts an der Tatsache, dass Toiletten regelmäßig geputzt werden müssen. Chemiekonzerne haben daraus einen weiteren Grund gestrickt, der uns davon überzeugen soll, zusätzliche Reinigungsmittel zu kaufen – die selbstverständlich ebenfalls in Plastik verpackt sind. Herkömmliche Toilettenreiniger können jedoch durch ein einziges Haushaltsprodukt ersetzt werden, welches nicht nur Plastikmüll, sondern auch Geld spart: weißer Essig. Einige Teelöffel ins Wasser einrühren, ein paar Minuten stehen lassen, und schon kannst du anfangen zu schrubben. Auf diese Weise erzielst du dasselbe, wenn nicht sogar ein besseres Ergebnis als mit jeder Chemiekeule.

SPEISENATRON STATT SPEZIALREINIGER

In den meisten Küchenschränken versteckt sich irgendwo etwas Speisenatron. Das Triebmittel kann jedoch nicht nur zum Backen verwendet werden, es eignet sich auch hervorragend als Allzweckreiniger. Mit Speisenatron kann man beim Putzen nahezu jeder Herausforderung begegnen, für die man sonst Spezialreiniger kaufen würde. Vermischt mit etwas Wasser ist es beispielsweise wirkungsvoll gegen Fett und andere Verschmutzungen in der Küche. Zusammen mit etwas Essig bekommt man unterdessen auch angebranntes oder verkrustetes Kochgeschirr und andere Küchenutensilien wieder sauber. Als Paste entfernt das vielseitige Hausmittelchen sogar Wein- und Matschflecken aus Textilien. Zwar wird auch Speisenatron in der Regel in einer Schutzfolie aus Plastik verkauft, dafür ersetzt es letztendlich eine ganze Armada aus Küchenreinigern, durch die andernfalls mehrere Plastikflaschen in den Müll wandern würden.

24

WASCHBEUTEL GEGEN MIKROPLASTIK

Eines der größten Probleme im Umgang mit Kunststoffmüll ist, dass der Großteil der Verschmutzung und ihrer Folgen mit bloßem Auge gar nicht zu erkennen ist. Beispielsweise finden sich unter den Mikroplastikteilchen, die das Meer belasten, auch haufenweise feine synthetische Fasern, die sich mit jedem Waschgang aus unserer Kleidung lösen. Das betrifft vor allem synthetische Materialien wie Acryl, Elastan und Polyester. Wer dennoch nicht auf Sport- und Funktionsbekleidung aus synthetischen Stoffen verzichten möchte, kann spezielle Waschnetze nutzen, die die Mikrofasern bereits in der Maschine abfangen. Im Internet findet man verschiedene Hersteller wie zum Beispiel das Unternehmen Guppyfriend, die solche Waschbeutel anbieten. Der anfallende Plastikmüll lässt sich dadurch zwar nicht vermeiden, doch zumindest können die Mikrofasern auf diese Weise gesammelt und korrekt entsorgt werden, bevor sie ins Meer gelangen.

MÜLL RICHTIG TRENNEN

Wie dir vielleicht bereits aufgefallen ist, geht es in diesem Buch nicht immer nur darum, Plastik zu vermeiden. Mindestens genauso wichtig ist es, den anfallenden Plastikmüll bestmöglich zu entsorgen, um die Umwelt zumindest ein Stück weit zu entlasten. Hierzu sollten zunächst alle Kunststoffe, die wiederverwertet werden können, korrekt recycelt werden. Zum Thema Mülltrennung findet man online jede Menge hilfreiche Informationen. Häufig informieren aber auch Recyclinghöfe oder die örtliche Müllabfuhr darüber, was in welcher Form wiederverwertet werden kann. Darüber hinaus gilt die Regel: Um unsere Gewässer sauber zu halten, sollten ausschließlich Ausscheidungen und Toilettenpapier in der Toilette landen – herkömmliche Wattestäbchen, Reinigungstücher, Tampons oder ähnliches gehören in die Tonne. Außerdem sollte man die Augen immer nach versteckten Kunststoffen in scheinbar recycelbaren Materialien offen halten.

26

ABSPÜLEN MIT SODA ODER SEIFE

Genau wie bei anderen Reinigungsmitteln kann es auch bei Geschirrspülmittel schwer sein, Plastik zu vermeiden – schließlich bieten die Hersteller von Spülmitteln nur sehr selten kunststofffreie Verpackungen an. Alternativ kann zum Abspülen Soda verwendet werden: Das natürlich vorkommende Salz ist online sowie in Drogerie- und Supermärkten meist als Waschsoda erhältlich und kann sowohl für den Abwasch als auch für viele weitere Hausarbeiten genutzt werden. Zum Abspülen sollte man jedoch besser Handschuhe tragen, da Soda nicht nur das Geschirr, sondern auch die Haut entfetten kann. Ein ganz normales Stück Seife erfüllt beim Abwasch allerdings auch seinen Zweck: Hierzu einfach ein wenig Seife in heißes Wasser hobeln, das Geschirr kurz darin einweichen, gründlich abschrubben und mit klarem Wasser nachspülen.

PUTZEN MIT MIKROFASERTUCH

Mikrofasertücher bestehen aus Millionen feiner Fasern. Durch ihre hohe Anzahl und ihre geringe Größe bleiben Schmutzpartikel an einem Mikrofasertuch deutlich besser hängen als an herkömmlichen Putzlappen. Tatsächlich fangen die Fasern den Schmutz so gut ein, dass man im gesamten Haus eigentlich nichts weiter zum Putzen benötigt als ein Mikrofasertuch und etwas Wasser – herkömmliche Reinigungsmittel werden dadurch vollkommen überflüssig. Einen Nachteil haben sie jedoch: Die meisten Mikrofasertücher bestehen ebenfalls aus einer Reihe von Kunststoffen, sodass Plastikmüll nicht vollständig vermieden werden kann. Allerdings sind Mikrofasertücher deutlich länger haltbar und können bis zu mehrere hundert Mal verwendet werden. Das schraubt nicht nur den Verbrauch an Putzlappen zurück, sondern macht sie zugleich auch zu einer sehr kostengünstigen Alternative.

28 KOMPOSTIERBARE SPÜLSCHWÄMME

Beim Putzen hat jeder Mensch andere Vorlieben: Die einen bevorzugen zum Beispiel einen Putzlappen, während sich die anderen lieber mit einem Schwamm an die Arbeit machen. Der Großteil der gängigen und vor allem günstigen Schwämme besteht allerdings aus Kunststoff. Doch es gibt auch gute Neuigkeiten für alle Schwammliebhaber: Einige Hersteller bieten inzwischen Schwämme aus Zellulose an, die vollständig kompostierbar sind. Auf die raue Seite des Schwamms muss dabei auch niemand mehr verzichten: Die raue Oberfläche nachhaltiger Scheuerschwämme wird unter anderem aus den Blattfasern der Agave oder getrockneten Nussschalen hergestellt und eignet sich hervorragend, um auch grobem Schmutz zu Leibe zu gehen.

ALTKLEIDER UND ZAHN-BÜRSTEN WIEDERVERWENDEN

29

Wer Kleidung trägt und eine Zahnbürste benutzt, hat eine nahezu unversiegbare Quelle an Putzlappen und Scheuerbürsten zur Hand. Gleichzeitig holt man durch das Wiederverwerten aufgetragener Kleidung und anderer Alltagsgegenstände letztendlich das Doppelte aus jeder Verpackung heraus – ein wahres Schnäppchen, das zugleich auch noch Müll spart. Alte Hemden, Socken und T-Shirts sowie Handtücher und Bettlaken eignen sich beispielsweise wunderbar als Putzlappen. Zahnbürsten lassen sich hingegen zu kleinen Putzhelfern umfunktionieren, mit denen hartnäckiger Schmutz in schwer zu erreichenden Ecken und Ritzen beseitigt werden kann.

30

BIENENWACHSTÜCHER STATT FRISCHHALTEFOLIE

Frischhaltefolie ist eines der Produkte, die das Leben einfacher zu machen scheinen – doch eigentlich kann man auch gut darauf verzichten. Dennoch ist Frischhaltefolie zum Einmalgebrauch in nahezu jedem Haushalt zu finden und trägt fleißig dazu bei, dass die Müllberge weiter wachsen. Eine nachhaltige Alternative zu herkömmlicher Frischhaltefolie sind Bienenwachstücher, mit denen sich Lebensmittel im Kühlschrank und unterwegs ganz einfach einwickeln oder abdecken lassen. Bienenwachstücher sind kompostierbar, wiederverwendbar, müssen nur mit kaltem Wasser gereinigt werden und sind inzwischen in vielen Farben und Designs erhältlich. Gleichzeitig sind sie genauso leicht zu handhaben wie Frischhaltefolie: Bienenwachstücher müssen vorab lediglich kurz mit den Händen angewärmt werden, damit sie noch besser an Schüsseln und Töpfen oder direkt an den Lebensmitteln haften bleiben.

SILIKONDECKEL STATT FRISCHHALTEFOLIE

Eine weitere Alternative zu Frischhaltefolie sind Abdeckungen aus Silikon. Diese sind zum einen in Form flexibler Folien erhältlich, die sich nahezu jeder Größe und Form von Behältnis anpassen – von kleinen Schüsseln bis hin zu großen Töpfen. Zum anderen gibt es die nachhaltigen Abdeckungen auch in Form von Deckeln, die in den gängigen Größen unterschiedlicher Küchenartikel wie zum Beispiel für Konservendosen angeboten werden. Beide Varianten sind abwaschbar und wiederverwendbar und machen herkömmliche Frischhaltefolie letztendlich überflüssig.

32

KATZENSTREU UND HUNDE-HAUFEN NACHHALTIG ENTSORGEN

Kotbeutel aus Kunststoff sind nach wie vor die verbreitetste Methode, um die Häufchen seines Hundes zu entsorgen. Statt Kotbeutel zu benutzen, können Hundehaufen unterwegs und im Park aber auch mithilfe eines »Pooper Scoopers« oder einer kleinen Schaufel im nächsten Mülleimer entsorgt werden. Zu Hause können die Häufchen hingegen in der Toilette hinuntergespült werden. Auch das Kompostieren von Hundekot ist möglich, wenn auch nicht unbedingt hygienisch. Die Ausscheidungen von Katzen sollten derweil weder in die Toilette, noch auf den Kompost wandern, da Katzenkot Krankheitserreger enthalten kann, die für den Menschen schädlich sein können. Katzenbesitzer können jedoch etwas für die Umwelt tun, indem sie herkömmliches Katzenstreu aus Naturton durch Sägespäne ersetzen. Zusätzlich können die Häufchen in Papiertüten oder Zeitungspapier anstelle von Müllbeuteln aus Plastik geschaufelt werden, bevor das Ganze in die Tonne wandert.

STOFFTASCHEN STATT PLASTIKTÜTEN

Plastiktüten wurden mittlerweile als eines der größten Probleme für die Umwelt identifiziert. Mehrere Länder haben Einweg-Tragetaschen deshalb den Kampf angesagt. In Europa haben fünfzehn Länder, darunter Dänemark, Italien und Großbritannien, Steuern und Abgaben erhoben oder aber Verbote ausgesprochen, um die Ausgabe von Plastiktüten durch den Einzelhandel einzuschränken. Auch in Deutschland sind Plastiktüten in den meisten Geschäften nur noch gegen Geld erhältlich. Auf diese Weise soll der deutsche Pro-Kopf-Verbrauch von rund 76 Einweg-Tragetaschen pro Jahr deutlich reduziert werden. Bislang können sich Händler noch aussuchen, ob sie sich am Kampf gegen den Plastikmüll beteiligen wollen, außerdem gilt die Selbstverpflichtung nicht für dünnwandige Plastiktüten, wie man sie beispielsweise an der Frischetheke bekommt. Durch eine einfache Stofftasche lässt sich die Zahl der Plastiktüten reduzieren. Außerdem sind Stoff- und Jutebeutel nicht nur sehr stabil und langlebig, sondern auch biologisch abbaubar.

34) LOSES STATT VERPACKTES OBST UND GEMÜSE

Beim Einkaufen im Supermarkt oder Discounter ist mit Sicherheit den meisten von uns bereits aufgefallen, dass vor allem Obst und Gemüse oft scheinbar grundlos in Plastik verpackt wird. Einige Verpackungen erscheinen auf den ersten Blick durchaus sinnvoll, wie zum Beispiel sogenannte Schrumpffolien, die Gurken länger frisch halten sollen. In anderen Fällen tragen die Verpackungen allerdings nur zur Umsatzsteigerung bei, wie zum Beispiel bei Plastik verpackten Paprika. Diese bereits abgewogenen und vorsortierten Produkte werden meist teurer verkauft als lose Ware. Tatsächlich stellt man beim Vergleichen der Kilopreise von losem und verpacktem Obst oder Gemüse häufig fest, dass die losen Optionen günstiger sind. Es lohnt sich daher in doppelter Hinsicht, die Verpackungen von der Einkaufsliste zu streichen und stattdessen lieber zu losem Obst und Gemüse zu greifen.

MEHRWEG- STATT EINWEG-FLASCHEN

In Deutschland fallen nahezu stündlich zwei Millionen Einweg-Plastikflaschen als Müll an. Das liegt unter anderem daran, dass Hersteller statt Mehrweg- immer mehr Einweg-Plastikflaschen auf den Markt bringen. Allerdings bestehen die meisten Einweg-Plastikflaschen nach wie vor aus Neumaterial. Im Jahr 2016 wurden zur Herstellung von Einweg-Plastikflaschen gerade einmal 28,5 Prozent Recyclingmaterial verwendet. Die einfachste Möglichkeit, um die Umwelt zu schonen, ohne auf Limonade und Co. verzichten zu müssen, ist es deshalb, im Supermarkt zu Glas- anstelle von Plastikflaschen zu greifen. Eine Mehrwegflasche aus Glas kann bis zu fünfzigmal befüllt werden, bevor sie wiederverwertet und zur Herstellung neuer Flaschen verwendet wird. Doch auch Plastikflasche ist nicht gleich Plastikflasche: Achtet man auf die Kennzeichnungen auf den Flaschen sowie an den Verkaufsregalen, kann man Einweg- von Mehrweg-Plastikflaschen ganz leicht unterscheiden und die Menge an Plastikmüll so zumindest reduzieren.

36

BIOLOGISCH ABBAUBARE TEEBEUTEL

Auch Teetrinker sind nicht vor Plastik gefeit, denn selbst in vielen Teebeuteln haben sich über Jahre hinweg Kunststofffasern versteckt. Gerade zur Herstellung von schnurlosen Teebeuteln in runder oder quadratischer Form wird oftmals der Kunststoff Polypropylen verwendet, um sie zu versiegeln. Die Teebeutel selbst werden mit der Zeit zwar nach wie vor zersetzt, die Plastikpartikel bleiben jedoch auf der Müllhalde zurück. Wer auf Nummer sicher gehen möchte, sollte deshalb auf das Kleingedruckte achten: Viele Hersteller merken inzwischen explizit auf der Verpackung an, dass die Teebeutel ohne Kunststoffe hergestellt wurden. Beispielsweise bieten die Marken Pukka, Lebensbaum, Meßmer und Teekampagne vollständig kompostierbare Teebeutel an. Auf der sicheren Seite ist man jedoch auch, wenn man auf losen Tee und ein wiederverwendbares Teesieb zurückgreift.

SCHLUSS MIT KAFFEEKAPSELN

Für umweltfreundliche Kaffeetrinker gibt es gute Neuigkeiten: Maschinen mit Kaffeekapseln waren bislang tabu. Das Problem waren nicht nur die Kapseln selbst, die aus Aluminium und Plastik hergestellt werden – die Maschinen produzieren auch dadurch zusätzlichen Müll, dass für jede einzelne Tasse eine neue Kapsel verwendet werden muss. Inzwischen gibt es allerdings Anbieter von kompostierbaren Kapseln, die aus bio-basierten Rohstoffen hergestellt werden. Wer also auf seinen Kaffee aus der Kapsel-Maschine nicht verzichten möchte, sollte auf jeden Fall auf diese Kapseln zurückgreifen. Deutlich weniger Müll wird durch eine French Press oder einen Espressokocher produziert. Für alle, die ihren Kaffee nicht immer nur schwarz trinken möchten, bietet sich der Kauf einer Maschine an, mit der sich zugleich Milch aufschäumen lässt. Auf diese Weise kann man sich auch mal einen Cappuccino oder einen Latte Macchiato gönnen und benötigt dafür anstelle von Kaffeekapseln nur noch -bohnen.

MITTAGESSEN VORKOCHEN

Mikrowellenfertiggerichte haben nicht nur den Ruf, nicht sonderlich gesund zu sein – auch hinsichtlich ihres Plastikverbrauchs lässt sich leider nichts Gutes über sie sagen. Meist sind die Mahlzeiten aus der Mikrowelle in Kunststoffschalen verpackt, die zusätzlich in Plastikfolie verschweißt und mit laminiertem Karton umwickelt wurden. Diese Unmengen an Müll fordern einen hohen Tribut von der Umwelt. Wer bei der Mittagspause im Büro auf die Mikrowelle angewiesen ist, kann stattdessen größere Mengen vorkochen und portionsweise in mikrowellenfesten Behältern von zu Hause mitnehmen. Besonders gut eignen sich hierfür zum Beispiel Gerichte wie Pasta oder Gemüsepfannen.

BROT VOM BÄCKER STATT AUS DEM SUPERMARKTREGAL

Brot zählt in nahezu allen Haushalten zu den Grundnahrungsmitteln. Anstatt zum Bäcker zu gehen, greifen die meisten von uns inzwischen allerdings zu abgepacktem Brot aus dem Supermarktregal. Dabei würde sich der Gang zur Bäckerei gleich in doppelter Hinsicht lohnen: Brot aus dem Supermarkt ist zum einen meist in transparente Plastiktüten verpackt und verursacht dadurch laufend Müll. Brot vom Bäcker wird hingegen in Papiertüten verkauft, die – abgesehen von Tüten mit Sichtfenstern – vollständig recycelbar sind. Zum anderen ist auch die Auswahl beim Bäcker in der Regel deutlich größer. Man muss noch nicht einmal einen großen Umweg auf sich nehmen, um frisches Brot an der Theke zu kaufen. Schließlich gibt es in den meisten größeren Supermärkten eine Bäckerei. Die nachhaltige Alternative zu wählen, ist in diesem Fall somit nicht nur einfach, sondern auch bequem.

40 WASCHNÜSSE STATT WASCHMITTEL

Waschnüsse werden in Asien und Zentralamerika bereits seit Tausenden von Jahren als natürliches Waschmittel genutzt. Die Früchte des Seifenbaums enthalten natürliche Tenside, sogenannte Saponine, die unsere Kleidung frisch und sauber machen. Waschnüsse sind schonend zum Stoff, erhalten die Farben und entfernen Flecken dennoch zuverlässig. Die umweltfreundlichen Waschwunder sind sowohl online als auch in Bioläden erhältlich und sind zum Teil nur im Stoffbeutel verpackt. Auf diese Weise ist Wäschewaschen auch komplett ohne Plastik möglich.

EINKAUFSALTERNATIVEN ZUM SUPERMARKT

Plastik zu vermeiden, gestaltet sich nicht immer leicht – vor allem in herkömmlichen Geschäften. Supermärkte sind mittlerweile unsere erste Anlaufstelle für Lebensmittel. Immerhin bekommt man dort alles, was man braucht, ganz bequem unter einem Dach. Nicht mehr ganz so bequem wirkt der Einkauf im Supermarkt hingegen, wenn man sich zwischen den Regalen auf die Suche nach Produkten begibt, die die Müllberge nicht noch weiter wachsen lassen. Eine Alternative bieten Bio- und Wochenmärkte sowie Feinkostgeschäfte und Fleischereien. Das Angebot an Obst und Gemüse sowie Fisch, Fleisch und Käse ist meist dasselbe – eben nur ohne die ganzen Plastikverpackungen. Zugegeben: Seine Einkaufsgewohnheiten umzustellen, ist nicht einfach. Du kannst versuchsweise aber auch erst einmal einen Monat auf den Einkauf im Supermarkt verzichten, um zu sehen, wie viel Plastik du dadurch einsparen kannst.

PLASTIK SPAREN DURCH VORRATSPACKUNGEN

Wer auf Vorrat kauft, muss zunächst zwar ein bisschen mehr Geld in die Hand nehmen und eventuell ein wenig vorausplanen, spart auf lange Sicht allerdings nicht nur Geld, sondern auch jede Menge Plastikmüll. Ein Beispiel: Eine große Packung Nudeln produziert nicht nur weniger Plastikmüll und benötigt bei der Herstellung sowie beim Transport weniger Energie, sondern kostet darüber hinaus meist auch weniger als zwei kleine. Auf diesem Weg lässt sich Plastikmüll zwar nicht komplett vermeiden, aber zumindest reduzieren – vor allem bei Produkten, die wir ohnehin benötigen und für die wir noch keine nachhaltigen Alternativen gefunden haben.

SELBER MACHEN
STATT KAUFEN

Wer mehr selber macht, hat auch mehr Kontrolle darüber, wie viel Müll dabei entsteht. Viele verarbeitete Lebensmittel sind nur in Kombination mit einer verschwenderischen Verpackung erhältlich, werden schnell verbraucht und bringen die Müllhalden dadurch förmlich zum Überlaufen. Dabei lässt sich das meiste davon auch ganz leicht selber machen, wie zum Beispiel Fertiggerichte für die Mikrowelle. Aus einer großen Packung Nudeln, ein paar Tomaten, Knoblauch und Basilikum lassen sich Mahlzeiten für eine ganze Woche kochen, die im Vergleich zu Fertiggerichten nur halb so viel kosten und lediglich einen Bruchteil des Plastikmülls produzieren. Die überschüssige Menge einfach einzeln portioniert einfrieren und bei Bedarf auftauen. Dasselbe gilt natürlich auch für Desserts: Mehl, Zucker, Butter und Eier sind in der Regel in wiederverwertbaren Verpackungen erhältlich und kommen in solchen Mengen, dass sich daraus mehrere Kuchen backen lassen.

UNTERWEGS

EINLEITUNG

Trotz aller Nachteile hat es natürlich seine Gründe, warum Kunststoffe im Alltag so verbreitet sind. Plastik ist ein günstiges, leichtes und zugleich robustes Material – bestens geeignet für unseren modernen Alltag, in dem vor allem Zeit und Geld immer knapp zu sein scheinen. Besonders deutlich wird das, wenn wir unterwegs sind: Während wir von einem Ort zum anderen hetzen, erscheint es meist besonders praktisch, kurz einen Happen zu essen oder sich am Bahnhof noch eine Flasche Wasser und einen Snack zu kaufen. Doch schon nach wenigen Minuten sitzen wir vor einem großen Haufen Plastikmüll, der kurzerhand im nächsten Mülleimer landet. Mit Gewohnheiten zu brechen, ist nie leicht, doch das folgende Kapitel soll dir zeigen, wie du unterwegs ohne großen Aufwand Plastikmüll einsparst und welche günstigen und vor allem nachhaltigen Alternativen es gibt.

44 MITTAGESSEN VON ZU HAUSE MITNEHMEN

Allein die Zahl der Angebote verführt dazu, in der Mittagspause mal kurz nach draußen zu gehen und sich einen Salat oder ein belegtes Brötchen zu holen. Angesichts der Kosten und des anfallenden Plastikmülls ist das allerdings weder günstig noch umweltfreundlich. Wer sein Mittagessen stattdessen von zu Hause mitbringt, isst nicht nur gesünder, spart Geld und steht seltener Schlange, sondern produziert auch weniger Abfall. Natürlich muss das nicht bedeuten, dass du im Büro nur noch belegte Brote zu essen bekommst: Mahlzeiten vorzukochen, geht tatsächlich sehr viel schneller als vielleicht erwartet. Beispielsweise lassen sich die Füllungen von Wraps ganz leicht vorbereiten und über die Woche hinweg mit verschiedenen Salat- und Gemüsesorten variieren.

LUNCHBOXEN AUS BAMBUS STATT EINWEG-VERPACKUNGEN

45

Wiederverwendbare Lunchboxen aus Plastik sind bereits umweltfreundlicher als die Einmal-Verpackungen von Sandwiches oder Salaten. Noch nachhaltiger sind jedoch Lunchboxen aus Bambus. Bambus ist eine schnell wachsende Nutzpflanze, deren Endprodukte leicht, robust und vollständig kompostierbar sind. Diese Eigenschaften machen Bambus zu einer hervorragenden Alternative zu Plastik. Lunchboxen aus Bambus gibt es in zahlreichen Geschäften sowie online zu kaufen. Außerdem sind sie in allen Farben, Formen und Designs erhältlich. Auf diese Weise lassen sich sowohl Salate, Suppen als auch Reste vom Vortag schnell und einfach verpacken und in der Tasche transportieren.

46

ESSEN IM GLAS ANRICHTEN

Schraubgläser sind eine weitere Alternative zu Lunchboxen aus Plastik. Sie sind zwar nicht so leicht wie Lunchboxen aus Bambus, eignen sich aber hervorragend, um Essen darin besonders ansprechend anzurichten. Darüber hinaus sind Glasbehälter nahezu überall erhältlich und sehr robust. Wer beim Mittagessen gerne experimentiert, findet online und in den sozialen Medien eine Fülle an Rezepten für Gerichte im Glas, wie zum Beispiel für Bowls, Salate oder selbst gemachte Instant-Nudelsuppen.

STROHHALM? NEIN DANKE!

Wenn man auswärts essen geht, bekommt man häufig einen Strohhalm zu seinem Getränk. Die meisten Restaurants versuchen, ihre Softdrinks optisch aufzuwerten, indem sie ihren Kunden Strohhalme servieren. Dieses kleine Extra ist allerdings mit hohen Kosten für die Umwelt verbunden. Einer Studie zufolge verbraucht jeder Europäer rund 71 Trinkhalme pro Jahr. Auf diese Weise fallen allein in Europa jährlich rund 36,4 Milliarden Trinkhalme an, die nach einmaligem Gebrauch auf den Müll wandern oder im schlimmsten Fall ins Meer gelangen. Die gute Nachricht ist: Das Bewusstsein für das Problem wächst immer weiter. Ab 2021 gilt in der EU ein Verbot von Einwegplastik wie Plastikstrohhalmen im Handel. Letztendlich können wir aber auch ganz leicht selbst aktiv werden und Nein sagen, wenn uns ein Strohhalm aus Plastik angeboten wird, auf den wir getrost verzichten könnten. Allein dadurch lässt sich bereits jede Menge Müll einsparen.

48 TRINKHALME SELBST MITBRINGEN

Das Bewusstsein für die negativen Auswirkungen von Plastikstrohhalmen auf die Umwelt wächst und wächst. Einige Restaurants sind inzwischen dazu übergegangen, Strohhalme aus Papier als umweltfreundliche Alternative zu herkömmlichen Trinkhalmen anzubieten. Das ist die deutlich nachhaltigere Option für alle, die ihr Getränk gerne mit Strohhalm trinken oder einen Trinkhalm benötigen. Wer noch einen Schritt weitergehen möchte, kann aber auch selbst eine Handvoll Papierstrohhalme oder einen Trinkhalm aus Metall in der Tasche bereithalten. Ähnlich wie Lunchboxen werden auch Strohhalme aus Metall nach Gebrauch einfach gereinigt und können anschließend wiederverwendet werden. Der rettende Strohhalm, wenn man so will!

BESTECK VON ZU HAUSE MITNEHMEN

49

Supermärkte und Cafés versorgen ihre Kunden meist mit Plastikbesteck, damit sie auch unterwegs essen können. Oft ist das Besteck schon in der Packung enthalten oder kostenlos an der Ladentheke erhältlich. Im Grunde ein sehr praktisches Angebot – doch die Wahrheit ist: Wer am Morgen kurz vorausplant, kann verhindern, dass Plastikbesteck über Millionen Jahre hinweg auf dem Müll verrottet. Mithilfe von Küchenpapier, einem Bienenwachstuch oder einem kleinen Stoffbeutel lässt sich Besteck auch von zu Hause ohne großen Aufwand mitnehmen und sauber in der Tasche verstauen. Es dauert vielleicht ein paar Tage, um sich daran zu gewöhnen, das Besteck jedes Mal ein- und auszupacken und nach Gebrauch zu spülen, doch du wirst sehen: Man gewöhnt sich sehr schnell an die neue Routine.

50

BRÖTCHEN VOM BÄCKER STATT SANDWICHES AUS DEM SUPERMARKT

Sandwiches und Salate aus dem Supermarkt sind meist in mehrere Lagen Plastik verpackt, damit sie einige Tage frisch bleiben. Bäckereien und Cafés bereiten ihre Speisen hingegen täglich frisch zu und halten für den Fall, dass man sein Essen mitnehmen möchte, Tüten oder Einwegschalen bereit. Die meisten von ihnen nutzen hierzu die günstigeren Verpackungsvarianten aus recycelbaren Materialien, wie Papiertüten oder Pappteller. Im Vergleich zu Sandwiches und Salaten aus dem Supermarkt ist das Angebot von Bäckereien und Cafés daher nicht nur frischer, sondern auch umweltfreundlicher. Auf diese Weise kannst du einen unmittelbaren Rückgang deines Plastikmülls verzeichnen und gleichzeitig noch den Einzelhandel unterstützen.

EISWAFFEL STATT PLASTIKBECHER

Das Dilemma mit dem Plastikmüll lauert scheinbar an jeder Ecke. Vor allem vor der Eisdiele haben bisher wohl die wenigsten von uns über die Umwelt nachgedacht. Doch selbst bei der Frage, ob wir unser Eis in der Waffel oder im Becher haben wollen, lässt sich überraschend viel Plastikmüll sparen. Immerhin fallen mit jeder Kugel Eis im Becher sowohl eine Plastikschale als auch ein -löffel an. Eiswaffeln lösen diesen süßen Schlamassel glücklicherweise. Doch was, wenn einem die Waffel nicht schmeckt? Keine Sorge, die essbaren Eisschalen werden schnell kompostiert wenn sie in der Biotonne landen.

52 THERMOBECHER STATT EINMALBECHER

Wer bereits vorab weiß, dass er den ganzen Tag auf Achse sein und zwischendurch einen Wachmacher brauchen wird, kann seinen Kaffee mithilfe eines Thermobechers auch von zu Hause mitnehmen, um unterwegs Plastikmüll zu sparen. Der Müll, der durch kunststoffbeschichtete Einmalbecher und Plastikdeckel anfällt, kann sich schnell läppern – vor allem, wenn man viel unterwegs ist und keine Möglichkeit hat, seinen Abfall zu recyceln. Kaffee von zu Hause mitzunehmen, hat aber noch zwei weitere Vorteile: Zum einen kann man immer sicher sein, dass der Kaffee schmeckt, zum anderen spart man dabei auch noch Geld.

WASSER VON ZU HAUSE MITNEHMEN

Wasserflaschen aus Plastik sind nicht nur eine Belastung für die Umwelt, sondern auch für den Geldbeutel. Wasser in Flaschen ist um ein Vielfaches teurer als Leitungswasser – vor allem an Orten, an denen die Einkaufsmöglichkeiten begrenzt sind, wie zum Beispiel an Bahnhöfen oder Flughäfen. Ein Liter Leitungswasser kostet in Deutschland im Schnitt 0,2 Cent. Eine Flasche Wasser im Supermarkt kostet hingegen zwischen 19 und 50 Cent pro Liter. Leitungswasser ist damit um ein Hundertfaches günstiger als gekauftes Wasser. Unterwegs und auf Reisen lohnt es sich daher in doppelter Hinsicht, eine Trinkflasche mitzunehmen. Sowohl online als auch in Outdoor-Shops und vielen anderen Geschäften werden inzwischen Metallflaschen in ganz unterschiedlichen Designs und Größen angeboten. Es gibt sogar Trinkflaschen, die das Wasser über mehrere Stunden hinweg kühl halten, sodass man auch an heißen Tagen immer frisches Wasser in der Tasche hat.

54

SELBST GEMACHTE SNACKS FÜR LANGE FAHRTEN

Lange Fahrten wären nur halb so schön, wenn man zwischendurch nicht auch mal eine Pause einlegen und sich einen Schokoriegel oder ein paar Snacks gönnen könnte – vor allem wenn man mit dem Auto unterwegs ist. Ausschließlich anzuhalten, um auf die Toilette zu gehen, klingt anstrengend, beugt allerdings auch jeder Menge Müll vor, der meist durch Spontankäufe an Rasthöfen entsteht. Auf die Umwelt zu achten, muss aber natürlich nicht bedeuten, immer nur gesund essen zu können: Wenn einen ein Apfel als Proviant nicht glücklich macht, kann man am Tag vor der Fahrt auch ein Blech Brownies backen oder Gemüsechips selber machen und nach Belieben würzen.

MITFAHRGELEGENHEITEN UND ÖFFENTLICHE VERKEHRSMITTEL NUTZEN

Es ist längst kein Geheimnis mehr, dass Autos aufgrund ihrer Abgase nicht nur schlecht für die Umwelt, sondern auch für die Gesundheit sind und wir eigentlich viel häufiger zu Fuß gehen sollten. Was weniger bekannt ist: Neben Treibhausgasen produzieren Autos auch Kunststoffmüll. Durch die ständige Abnutzung der Reifen entsteht Mikroplastik, das die Umwelt und insbesondere die Ozeane belastet – ein globales Problem, das erst seit Kurzem auf der Umweltagenda steht. Aktuellen Studien zufolge sollte die Problematik für die Politik allerdings eine deutlich höhere Priorität haben. Die gute Neuigkeit ist jedoch: Es ist ganz leicht, selbst aktiv zu werden. Sowohl Mitfahrgelegenheiten als auch öffentliche Verkehrsmittel reduzieren die Zahl der abgenutzten Reifen bereits drastisch. Für die Meere ist und bleibt es allerdings das Beste, möglichst oft zu Fuß zu gehen oder das Fahrrad zu nehmen.

56) PFLEGEPRODUKTE FÜR FLUGREISEN ABFÜLLEN

Aufgrund der neuen Sicherheitsbestimmungen beim Fliegen kauft man dieselben Pflegeprodukte, die man schon zu Hause hat, vor Reisen oftmals noch einmal im Miniaturformat. Doch wer das Kapitel über feste Shampoos, Conditioner und Seifen bereits kennt, kann sich freuen: All diese Produkte können im Handgepäck mitgenommen werden und müssen nicht durch die Flüssigkeitskontrolle. Wer herkömmliche Produkte bevorzugt, kann diese hingegen in transparente Fläschchen abfüllen, anstatt sie doppelt zu kaufen. Die meisten Drogeriemärkte haben bereits passende Plastikflaschen im Angebot, in denen man seine Pflegeprodukte und Kosmetika auch im Flugzeug transportieren darf. Zudem lassen sich die Fläschchen wiederverwenden. Auf diese Weise bist du für alle zukünftigen Reisen gewappnet und sparst ganz nebenbei auch noch Plastik.

BESONDERE ANLÄSSE

EINLEITUNG

Plastik macht sich oft in den überraschendsten Situationen negativ bemerkbar. Gerade zu feierlichen Anlässen werden wir häufig von einer Welle an Geschenken, Dekoration und Ausgaben überschwemmt – und wo sich zusätzliche Kosten verstecken, fällt meist auch zusätzlicher Plastikmüll an. Doch nicht nur die Verpackungen und das Geschenkpapier lassen die Müllberge immer weiter wachsen, auch die Geschenke selbst tragen zum Teil dazu bei. Schätzungen zufolge nehmen allein zu Weihnachten die Abfallberge in Deutschland um bis zu 20 Prozent zu. Doch die Lösung ist glücklicherweise ganz einfach: Wie so oft liegt der Schlüssel im Vorausplanen und einigen kleinen Veränderungen.

GESCHENKE VERPACKEN
OHNE KLEBEBAND

57

Klebeband besteht bekanntermaßen eben- falls aus Plastik und ist somit nicht recycel- bar. Das allein muss jedoch noch längst nicht das Ende für Geschenkverpackungen be- deuten. Anstelle von Klebeband kann man das Geschenkpapier auch mit einer Schnur aus Naturfasern fixieren. Paketschnur oder Bast verleihen dem Ganzen nicht nur einen Hauch von Vintage, sondern sehen außer- dem noch schön aus, insbesondere wenn mit der Schleife noch ein paar Blumen oder bun- te Bonbons festgebunden werden. Wer bei der Dekoration seiner Geschenke gerne groß auffährt, kann aber auch zu farbiger Wolle und Garn oder zu Stoffbändern und Spitzen- borten greifen, um Klebeband nachhaltig zu ersetzen.

ALTERNATIVEN ZU GESCHENKPAPIER

Obwohl man erwarten würde, dass Geschenkpapier aus Papier besteht, ist nicht alles davon recycelbar. Manchmal verstecken sich auch hier ohne unser Wissen Kunststoffe. Doch schon ein einfacher Test kann Klarheit schaffen: Wird das Papier zusammengeknüllt und bleibt in dieser Form, kann es recycelt werden. Faltet es sich hingegen wieder auseinander, ist es beschichtet und wird sich niemals zersetzen. Glitzer, Folien und laminiertes Papier sind generell nicht recycelbar und müssen dem Test gar nicht erst unterzogen werden. Außerdem sollte darauf geachtet werden, wie das Geschenkpapier selbst verpackt ist. In vielen Geschäften bekommt man die Bögen lose oder nur mit einer Papiermanschette umwickelt. Größtenteils ist Geschenkpapier aber noch immer mit einer dünnen Plastikfolie umwickelt. Doch Geschenkpapier lässt sich auch komplett umgehen, zum Beispiel mithilfe von braunem Packpapier aus recyceltem Material sowie Stoffen oder sogenannten Furoshiki-Tüchern. Online und in den sozialen Medien findet man hierzu eine ganze Reihe von Wickeltechniken, mit denen selbst die sperrigsten Gegenstände hübsch verpackt werden können.

UMWELTFREUNDLICHE GLÜCKWUNSCHKARTEN

Auch Glückwunschkarten sind oft schwieriger zu recyceln, als man vielleicht erwarten würde. Tatsächlich tragen sie oftmals zu den wachsenden Müllbergen bei. Genau wie Geschenkpapier werden auch die meisten Karten, insbesondere Weihnachts- und Glückwunschkarten, in Plastikhüllen verkauft. In ausgewählten Geschäften sowie auf Kunstmärkten oder direkt bei den Künstlern sind Glückwunschkarten hingegen meist auch ohne die Schutzhülle erhältlich. Die Karten selbst können jedoch ebenfalls ein Problem mit sich bringen: die Verzierung. Glitzer, Folien und Laminierungen bestehen aus Plastik und können daher nicht recycelt werden. In Geschäften mit einer großen Auswahl an Glückwunschkarten lassen sich jedoch Alternativen ohne störende Verzierungen finden. Online werden darüber hinaus sogar umweltfreundliche Karten angeboten, mit denen sich nicht nur Plastik vermeiden lässt – oft bestehen die nachhaltigen Glückwunschkarten komplett aus recyceltem Material.

60 WIMPELKETTEN STATT BALLONS

Es mag traurig klingen, aber Ballons haben verheerende Auswirkungen auf die Umwelt. Viele von ihnen bestehen aus Gummi, Latex, Polychloropren oder Nylon und haben zusätzlich eine metallische Beschichtung. Doch Plastik hin oder her: Ballons bleiben meist über Jahre hinweg auf den Müllhalden zurück und zersetzen sich nur sehr langsam oder nie. Selbst kompostierbare Ballons aus Naturlatex verrotten vergleichsweise langsam. Darüber hinaus gelangen jedes Jahr zahlreiche Ballons in die Meere, wo sie von Tieren oftmals mit Futter verwechselt werden. Auf diese Weise erkranken und sterben jährlich unzählige Meeresbewohner. Eine risikofreie Möglichkeit, sein Haus festlich zu dekorieren, sind hingegen selbstgemachte Wimpelketten und Girlanden aus altem Stoff.

ALTERNATIVEN ZU EINWEG-GESCHIRR AUS PLASTIK

Wenn man einer Gruppe aufgeregter Kinder Geburtstagskuchen auf Keramiktellern serviert, ist die Katastrophe meist vorprogrammiert. Einweggeschirr aus Plastik ist allerdings auch keine Alternative. Stattdessen sollte man lieber zu Tellern aus Pappe oder Palmblatt greifen. Man muss jedoch auch hier darauf achten, dass die Teller nicht laminiert sind, andernfalls können sie nur schwer recycelt werden. Während Pappteller auch aus recyceltem Material erhältlich sind, wird Einweggeschirr aus Palmblatt in der Regel aus Blättern hergestellt, die selbstständig von den Bäumen abgeworfen wurden, sodass sie nicht zur Zerstörung von Palmenwäldern beitragen. Darüber hinaus sind Teller aus Palmblatt vollständig kompostierbar. Der einzige Nachteil von nachhaltigem Einweggeschirr: Die meisten Teller aus Pappe und Palmblatt werden für den Verkauf ebenfalls in Plastik verpackt. Dennoch sind ihre Vorteile gegenüber herkömmlichen in Plastik verpackten Plastiktellern nicht von der Hand zu weisen.

62

POPCORN ALS VERPACKUNGSMATERIAL

Nicht immer können wir zu besonderen Anlässen bei unseren Liebsten sein. Indem wir ihnen ein Geschenk zusenden, können wir ihnen aber zeigen, dass wir an sie denken. Beim Versand auf Kunststoffe zu verzichten, kann allerdings ziemlich knifflig werden, vor allem wenn das Geschenk zerbrechlich ist. Immerhin bestehen sowohl Luftpolsterfolien als auch Styropor-Chips aus Kunststoff und sind somit nicht recycelbar. Ersatzweise kann Popcorn als Verpackungsmaterial verwendet werden. Die aufgeplatzten Maiskörner legen sich schützend um zerbrechliche Gegenstände, schützen sie auf ihrer Reise und sind zugleich komplett kompostierbar. Alles, was man dazu braucht, ist Puffmais, den man zu Hause selbst poppen lassen kann. Allerdings sollte der Mais ungewürzt sein – schließlich soll das Geschenk nicht gesalzen oder gezuckert ankommen.

EINZELHANDEL STATT ONLINE-SHOP

Man kann zwar das Verpackungsmaterial bestimmen, das man selbst verschickt. Wir haben allerdings keine Kontrolle darüber, wie die Pakete aussehen, die uns zugeschickt werden – zumindest noch nicht. Die meisten Produkte, die wir online kaufen, sind in mehrere Lagen Plastik, Luftpolsterfolie oder Styropor verpackt. Im Einzelhandel vor Ort einzukaufen, kann daher nicht nur helfen, die CO_2-Bilanz unserer Einkäufe zu verringern, sondern auch den anfallenden Plastikmüll reduzieren.

64) **NACHHALTIGES KINDERSPIELZEUG**

Auch Kinder produzieren bereits jede Menge Plastikmüll, da die meisten ihrer Lieblingsspielsachen aus Kunststoffen bestehen. Hinzu kommt, dass Spielsachen gerne mal kaputtgehen oder bereits nach kurzer Zeit ausrangiert werden. Natürlich ist es nachvollziehbar, warum Plastik bei Spielzeugherstellern so beliebt ist: Das Material ist langlebig, billig und außerdem abwischbar. Doch es gibt auch schöne Alternativen ohne Kunststoffe. Nachhaltige Spielsachen aus Holz und Stoff sind sowohl online als auch in ausgewählten Geschäften erhältlich. Sie kosten in der Regel zwar etwas mehr, sind aber deutlich besser für die Umwelt.

EINLEITUNG

Keine Sorge: Die Bürde, den Plastikmüll auf dieser Welt zu reduzieren, lastet nicht allein auf deinen Schultern. Tatsächlich gibt es bereits zahlreiche Gruppen und Initiativen, die daran arbeiten, sowohl die Herstellung als auch den Verbrauch von Kunststoffen zu reduzieren, das Bewusstsein der Menschen zu schärfen und dem Thema Plastikmüll auch in den Medien sowie in der Politik Gehör zu verschaffen. Jedem Einzelnen von uns eröffnen sich dadurch ganz unterschiedliche Möglichkeiten, Organisationen zu unterstützen und uns Gleichgesinnten anzuschließen. Immerhin sitzen wir alle im selben Boot.

TAKE 3 FOR THE SEA

Take 3 for the Sea ist eine australische Initiative für saubere Strände mit dem Ziel, den Müll im Meer zu reduzieren. Das Prinzip ist simpel: Die Organisation möchte Menschen dazu anhalten, bei jedem Besuch am Strand drei Müllteile mitzunehmen und zu Hause zu entsorgen – wenn möglich natürlich recycelt. Dieser Ansatz lässt sich aber selbstverständlich auch auf jeden anderen Ort dieser Welt übertragen, wie zum Beispiel ein vermülltes Flussufer oder eine Wiese im Park. Mit einem einfachen Hilfsmittel lässt sich dieser Vorsatz besonders leicht in die Tat umsetzen: Wer eine kleine Tüte in der Tasche bereithält, kann jederzeit und überall drei Müllteile aufsammeln und ohne großen Aufwand zur nächsten Recycling-Tonne transportieren.

66) AKTIONEN FÜR SAUBERE STRÄNDE

Es gibt zahlreiche Umweltorganisationen auf der ganzen Welt, die mit Reinigungsaktionen für saubere Strände sorgen wollen, wie zum Beispiel der Naturschutzbund Deutschland. Im Internet findet man ganz leicht Gleichgesinnte und Organisationen vor Ort, denen man sich anschließen kann, um gemeinsam Strände von Abfall und Plastikmüll zu befreien. Schutzhandschuhe und Müllzangen werden den Teilnehmern in der Regel von den Organisatoren zur Verfügung gestellt. Darüber hinaus lernt man häufig, auch nach Plastikmüll Ausschau zu halten, der sonst leicht zu übersehen wäre, wie zum Beispiel Kunststoffgranulat. Natürlich kann man aber auch jederzeit selbstständig losziehen und den Strand, die Grillwiese im Park, das See- oder Flussufer zusammen mit Freunden aufräumen.

30 TAGE ZERO-WASTE-CHALLENGE

Einen Monat ohne Müll zu leben, bedeutet, dreißig Tage lang keinen Abfall zu produzieren, der verbrannt werden oder auf der Müllhalde landen würde. Recyclebare Materialien und kompostierbare Küchenabfälle sind erlaubt – nur Restmüll für die Tonne ist verboten. Bei diesem Selbstversuch geht es nicht allein darum, Plastikmüll zu vermeiden, sondern vor allem darum, mit Gewohnheiten zu brechen und das eigene Kaufverhalten zu überdenken. Wer sich dieser Herausforderung stellen möchte, findet hierzu zahlreiche nützliche Tipps in diesem Buch oder im Internet.

68) GELD SPENDEN

Inzwischen gibt es eine Vielzahl an Organisationen, die sich der Plastikkrise stellen. Die meisten sind jedoch auf Spenden angewiesen, um ihre Arbeit machen zu können. Ein Großteil des gespendeten Gelds fließt in der Regel in die Öffentlichkeitsarbeit, wie zum Beispiel in Werbung, Veranstaltungen, Infomaterialien oder Ähnliches. Mit einer Geldspende kann jeder von uns einen kleinen Beitrag leisten und die Organisation seiner Wahl in ihrem Kampf gegen den Plastikmüll unterstützen. Gerade wenn wir selbst noch nicht genau wissen, wie wir unseren Kunststoffkonsum herunterschrauben können, ist eine Spende eine hervorragende Möglichkeit, um Experten bei ihrer Arbeit unter die Arme zu greifen.

ZEIT SPENDEN

69

Umweltorganisationen brauchen nicht nur Geld, sondern auch viele helfende Hände. Bereits mit ein paar Stunden pro Woche können freiwillige Helfer Initiativen gegen Plastikmüll deutlich voranbringen. Die meisten Organisationen haben nicht viel Geld zur Verfügung und zählen gerade deshalb auf die Hilfe Freiwilliger, wie zum Beispiel bei der Organisation von Veranstaltungen, dem Verteilen von Infomaterialien oder dem Sammeln von Spenden. Doch auch die kleinsten Zeitspenden sind bereits viel wert: Allein wer ein wenig Zeit erübrigen kann, um an den Veranstaltungen der Organisationen teilzunehmen, leistet damit schon einen großen Beitrag.

70) SELBST ORGANISIERTE SPENDENAKTIONEN

Gemeinnützige Organisationen profitieren vor allem von größeren Spendensummen. Man muss das Geld aber natürlich nicht allein oder aus eigener Tasche aufbringen: Auch durch privat veranstaltete Spendenaktionen kann man Geld für eine Organisation seiner Wahl sammeln. Ob als Bäcker, Sportler oder leidenschaftlicher Autowäscher – jeder von uns kann seinen Beitrag leisten und mit einer Aktion auf die Arbeit von Initiativen aufmerksam machen. Eine gemeinnützige Organisation zu unterstützen, bedeutet nämlich nicht nur, Spenden zu sammeln, sondern vor allem auch, das Bewusstsein seiner Mitmenschen für ein Problem zu schärfen.

RECHNUNGEN UND KATALOGE PER MAIL STATT PER POST

Briefumschläge mit Sichtfenstern und in Folie eingeschweißte Kataloge wandern meist schon nach kurzer Zeit in den Müll. Nimm dir daher einen Abend Zeit, um deine Post durchzugehen und nachzusehen, ob du bestimmte Rechnungen und Kataloge auch wahlweise online einsehen oder per Mail bekommen kannst. Es dauert vielleicht eine gewisse Zeit, um sich an diese Umstellung zu gewöhnen – und man sollte dennoch nicht vergessen, seine Rechnungen zu bezahlen – doch letztendlich kann man auf diese Weise schnell und einfach jede Menge Papier- und Plastikmüll einsparen.

72) SELBST POLITISCH AKTIV WERDEN

Entscheidende Veränderungen sind letztendlich nicht ohne die Unterstützung der Politik möglich. Große Firmen werden vor allem durch finanzielle Anreize bestimmt und werden sicherlich nicht von der Nutzung kostengünstiger Kunststoffe absehen, solange sie nicht von einer übergeordneten Instanz wie der Regierung dazu aufgefordert werden, die Rechtsordnung geändert wird oder Geldbußen eingeführt werden. Die gute Nachricht ist: Um auf die Probleme, die durch Plastikmüll verursacht werden, aufmerksam zu machen, genügt es oftmals schon, seinem zuständigen Minister zu schreiben. Denn je mehr Menschen ein Problem ansprechen, umso mehr Unterstützung erhalten entsprechende Sanktionen und Gesetze auch vonseiten der Politik.

KRITIK IN DEN SOZIALEN MEDIEN ÄUSSERN

Die sozialen Medien können Fluch und Segen sein. Doch sie sind und bleiben ein hervorragendes Hilfsmittel, um Kritik zu äußern oder Kampagnen zu starten. Um Herstellern unsere Enttäuschung über ein bestimmtes Produkt oder eine verschwenderische Verpackung mitzuteilen, genügt meist schon ein schneller Schnappschuss in den sozialen Medien. Unternehmen achten sehr genau auf ihre Außenwirkung – immerhin bedeutet ein lupenreines Image auch bares Geld. Daher verfolgen sie die Stimmung im Netz und fällen ihre Entscheidungen oftmals anhand der Reaktionen ihrer Kunden.

74) GEMEINDE- UND STADTRÄTE ANSPRECHEN

Wer brennende Fragen und Probleme zur Sprache bringen möchte, kann sich auch an Politiker auf lokaler Ebene wenden, wie zum Beispiel die Mitglieder des örtlichen Gemeinde- oder Stadtrats. Das direkte Gespräch mit politischen Vertretern schafft nicht nur Aufmerksamkeit für ein Problem, sondern ist oft auch schon der erste Schritt hin zu einer Lösung. Viele erfolgreiche Aktionen und Initiativen beginnen auf lokaler Ebene – schließlich ist es immer einfacher, sich Gehör zu verschaffen und Gleichgesinnte zu mobilisieren, wenn man die Entscheidungsträger bereits auf seiner Seite hat. Auf diese Weise kannst du in deinem Viertel zum Beispiel Müllsammelaktionen ins Leben rufen oder zur Aufklärungsarbeit an Schulen oder Kindergärten beitragen.

PLASTIK NICHT IN DIE TOILETTE WERFEN

Den Weg durch die Toilette sollten einzig und allein Ausscheidungen sowie Toilettenpapier nehmen. Herkömmliche Wattestäbchen, feuchte Tücher oder Binden enthalten Kunststoffe, die oftmals ins Meer gelangen, nachdem sie die Toilette hinuntergespült wurden. Plastik belastet die Natur zwar auch, wenn es auf der Müllhalde landet – noch schlimmer sind die Auswirkungen allerdings, wenn es in den Magen von Meerestieren gelangt oder in Form großer Müllinseln über den Ozean treibt.

76) KÜCHENABFÄLLE KOMPOSTIEREN

Jede noch so kleine Veränderung zählt, wenn es darum geht, Plastikmüll zu reduzieren – das gilt auch bei der Gartenarbeit. Gartenerde wird meist in Plastikbeuteln verkauft, die nur selten recycelt werden können. Allein deshalb lohnt sich die Anschaffung eines Kompostbehäters im Garten. Manche Gemeinden bezuschussen den Kauf eines Komposters sogar. Auf diese Weise kann man nicht nur Küchenabfälle nachhaltig entsorgen, sondern hat zugleich auch einen lebenslangen Vorrat an Garten- und Blumenerde.

KLEIDUNG FLICKEN

Zum Teil sind die Massen an Plastikmüll für uns im Alltag gar nicht sichtbar. Auch wenn wir selbst versuchen, auf Verpackungsmüll zu verzichten, indem wir unsere Klamotten in einem Laden vor Ort kaufen, ist die Wahrscheinlichkeit noch immer sehr groß, dass die Kleidung während ihrer Reise von den Textilfabriken zu den Geschäften in unzählige Lagen Plastik gewickelt war. Durchgescheuerte Kleidungsstücke zu flicken, anstatt sie sofort zu ersetzen, spart daher nicht nur Geld, sondern auch »unsichtbare« Berge an Plastikmüll.

78) NACHHALTIGE RESTAURANTS

Restaurants und Bars sind von Haus aus Unternehmen, die auf einen hohen Verbrauch ausgelegt sind und daher auch sehr viel Abfall produzieren, unter anderem Plastikmüll. Doch man kann der Verschwendung auch entgegenwirken, ohne andauernd Verzicht üben zu müssen. Auch in der Gastronomie setzen immer mehr Unternehmer auf Nachhaltigkeit. Ihr Ansatz: Der Großteil ihrer Zutaten ist regional und hat somit nur kurze Transportwege zurückzulegen, stammt aus nachhaltigem Anbau und wird komplett verwertet. Um der Verschwendung von Ressourcen noch weiter vorzubeugen, bauen einige Restaurants ihren Salat sogar selbst an oder verwenden Milchreste von der Kaffeezubereitung zur Herstellung ihres eigenen Joghurts. Wer bei der Wahl des Restaurants vorab ein wenig mehr Zeit in die Recherche investiert, kann sich sein Essen so ganz ohne Gewissensbisse schmecken lassen.

GLEICHGESINNTE SUCHEN

79

Es ist normal, sich angesichts der bloßen Menge an Möglichkeiten manchmal ein wenig überfordert zu fühlen. Doch halte dir immer vor Augen: Du musst die Plastikberge nicht allein bezwingen. Im Internet finden sich zahlreiche Online-Foren und Blogs, über die man sich mit Gleichgesinnten austauschen oder neue Rezepte und Ideen sammeln kann. Durch die Erfahrungen anderer bekommt man zudem oft einen Eindruck davon, was tatsächlich funktioniert und was nicht. In den sozialen Medien und auf den Webseiten lokaler Organisationen findet man zusätzlich Einladungen zu Veranstaltungen und Aktionen, an denen man teilnehmen oder sich vielleicht sogar selbst beteiligen kann.

80

SLOW LIVING UND KRITISCHER KONSUM

Nur ein Bruchteil der verfügbaren Waren wird heutzutage vor Ort hergestellt. Die meisten Produkte haben bereits einen weiten Weg zurückgelegt, bevor sie in den Regalen landen. Auf diese Weise verschlechtert sich nicht nur die CO_2-Bilanz der Produkte – durch den Versand fallen meist auch Unmengen an nicht recycelbarem Verpackungsmaterial an. Nachhaltiger einzukaufen und beispielsweise Lebensmittel und Kleidung in Geschäften vor Ort beziehungsweise auf dem Wochenmarkt zu kaufen, kann bereits große Mengen an CO_2 und Plastikmüll einsparen. Aus diesem Bewusstsein heraus hat sich inzwischen sogar eine ganze Bewegung entwickelt: Slow Living beschreibt das Prinzip, achtsamer zu leben, Gegenstände zu reparieren, anstatt sie zu ersetzen, und beim Kochen vor allem auf saisonale Produkte zurückzugreifen. Dieser Ansatz kommt letztendlich nicht nur der Umwelt zugute, sondern auch dem persönlichen Wohlbefinden.

UNTERNEHMENSAGENDA CHECKEN

Verantwortungsvolle Unternehmen sollten belohnt werden – nicht zuletzt auch darum, weil sie die Aufmerksamkeit auf Unternehmen richten, deren Geschäftspraktiken weniger unterstützenswert sind. Es lohnt sich daher, sich über die Agenda seiner Lieblingsmarken zu informieren und in Erfahrung zu bringen, wie sie zum Thema Plastikmüll stehen. Vielleicht verfolgen sie einen nachhaltigen oder anderweitig positiven Ansatz, den du auch weiterhin mit deinem Geld unterstützen möchtest. Vielleicht entscheidest du dich in Zukunft aber auch für die Konkurrenz, die mit positivem Beispiel vorangeht: Hierzu zählen zum Beispiel das Computerunternehmen Dell, das für den Versand seiner Produkte seit Kurzem nur noch recycelbare Materialien verwendet, oder auch die Kosmetikfirma Lush, die die plastik- und verpackungsfreie Agenda seit Langem unterstützt.

82 PRIVATE UPCYCLING-UNTERNEHMEN UNTERSTÜTZEN

Nicht alle Kunststoffe, die intuitiv im Gelben Sack oder der Gelben Tonne landen, können auch recycelt werden. Vieles davon wird von den Maschinen aussortiert und endet letztendlich doch auf der Müllhalde. Um mehr darüber zu erfahren, welche Materialien tatsächlich wiederverwertet werden können, lohnt sich eine kurze Nachfrage oder Online-Recherche bei den örtlichen Entsorgungsdiensten. Für einige nicht oder nur schwer recycelbare Produkte wie Kugelschreiber aus Kunststoff oder Plastikspielzeug gibt es inzwischen aber auch Sammelstellen von privaten Unternehmen wie zum Beispiel TerraCycle. In Zusammenarbeit mit Herstellerfirmen bietet das Start-up kostenlose Upcycling-Programme für Materialien an, die sonst nicht wiederverwertet werden könnten und auf dem Müll landen würden. Aus Chipstüten werden so beispielsweise Schuhe und aus Saftpackungen Rucksäcke.

UNVERPACKT-LÄDEN

Verpackungsfreie Läden eignen sich hervorragend, um Plastik zu sparen – und zwar nicht nur als Verpackungsmaterial, sondern auch in den Produkten selbst. Schließlich gehört zum Geschäftsprinzip verpackungsfreier Läden allem voran der Vorsatz, auf Kunststoffe zu verzichten. Beim Einkauf im Unverpackt-Laden muss daher nicht jedes einzelne Produkt kontrolliert werden, bevor es in den Einkaufswagen wandert, was letztendlich viel Zeit und Mühe spart. Der Großteil der Unverpackt-Läden verzichtet sogar komplett auf Verpackungen und bietet sowohl Trockenprodukte wie Nudeln, Mehl und Müsli als auch Spülmittel, Milch und Öle zum Selbstabfüllen an.

84

VORRATSKÄUFE MIT FREUNDEN TEILEN

Plastikverpackungen lassen sich dadurch einsparen, dass man im Supermarktregal stets zur größtmöglichen Packung greift. Dieses Prinzip eignet sich nicht nur für Produkte wie Waschmittel und Toilettenpapier oder Lebensmittel, die lange haltbar sind, wie zum Beispiel Nudeln und Reis. Das Ganze funktioniert auch mit Lebensmitteln, die schnell verbraucht werden müssen: Fleisch und Käse können an der Frischetheke ebenfalls in größeren Mengen gekauft und anschließend mit Freunden geteilt werden. Das spart nicht nur Plastikmüll, sondern verhindert letztendlich, dass der Einkauf ein Loch in deinen Geldbeutel reißt – schließlich müssen die höheren Kosten nicht allein gestemmt werden, wenn vorab jeder etwas Geld beisteuert.

ARBEITSPLATZ NACHHALTIGER GESTALTEN

Je nach Größe des Unternehmens fällt bei der Arbeit oft jede Menge Abfall an. Allein durch Einweggeschirr tun sich in zahlreichen Büros täglich Berge aus Plastikmüll auf. Wer seine Kollegen davon überzeugen kann, mehr auf die Umwelt zu achten und Plastik zu reduzieren, hat daher bereits viel gewonnen. Oft genügt es schon, sich mit einer kleinen Gruppe von Kollegen zusammenzutun und sich mit ihnen mittags eine Familienpackung Salat oder Ähnliches zu teilen, anstatt mehrere kleine Portionen zu kaufen. Du kannst aber auch direkt mit deinem Chef über die Einführung von Recycling-Möglichkeiten sprechen oder du beginnst damit, die Zuständigen in deiner Firma davon zu überzeugen, auf Teebeutel aus Kunststoff und Kaffeekapseln zu verzichten.

UPCYCLING

EINLEITUNG

Im Folgenden findest du Ideen, um nicht oder nur schwer recycelbare Kunststoffe sinnvoll wiederzuverwenden und damit auch den Kauf weiterer Produkte aus Plastik zu vermeiden. Wenn du Kinder hast, halte Ausschau nach dem Symbol »Für Kinder«: Hierunter findest du Bastelideen, die auch den Kleinsten Spaß machen.

86 PFLANZENBEWÄSSERUNG AUS PLASTIKFLASCHEN

Eine tolle Idee, um Plastikflaschen wiederzuverwenden und gleichzeitig deinen Pflanzen etwas Gutes zu tun.

DU BENÖTIGST: EINE PLASTIKFLASCHE, SPIESS

Gerade wenn es sehr trocken ist, hat es das Wasser oft schwer, bis zu den Wurzeln größerer Pflanzen vorzudringen.

Nimm eine leere Plastikflasche und bohre mithilfe eines Spießes Löcher in die gesamte Flasche. Anschließend wird die Flasche neben deiner Pflanze so tief in der Erde vergraben, dass nur noch der Schraubverschluss aus dem Boden ragt.

Die Flasche mit Wasser füllen und fertig. Auf diese Weise wird das Wasser sukzessive dort abgegeben, wo es die Pflanze am meisten benötigt: tief unten bei den Wurzeln.

TRAGETASCHEN AUS ALTEN T-SHIRTS

Mit wenigen Handgriffen wird aus einem alten T-Shirt eine günstige, stylishe und – nicht zu vergessen – umweltfreundliche Tragetasche.

DU BENÖTIGST: EIN T-SHIRT AUS BAUMWOLLE, SCHERE UND LINEAL

Wähle ein T-Shirt und breite es vor dir auf der Arbeitsfläche aus. Zunächst die Ärmel und den Kragen entlang der Nähte abschneiden.

Das T-Shirt auf links drehen, sodass die Innenseite außen ist, und erneut auf der Arbeitsfläche ausbreiten. Der untere Saum sollte dabei zu dir zeigen.

Die Nähte so übereinanderlegen, dass die Ecken des T-Shirts genau übereinstimmen. Nun den gesamten unteren Saum des T-Shirts in gleichmäßigen Abständen circa 5 cm hoch einschneiden. Die dadurch entstandenen Streifen sollten idealerweise eine Breite von circa 3 cm haben. Damit das Ganze möglichst gleichmäßig wird, kann hierzu das Lineal genutzt werden.

Anschließend die seitlichen Nähte des unteren Saums ebenfalls circa 5 cm hoch einschneiden.

Nun jeweils die beiden übereinanderliegenden Streifen fest verknoten. Mit einem Doppelknoten wird der Boden der Tasche besonders stabil.

Die Tasche erneut wenden und fertig.

88) SELBST GEMACHTE BIENENWACHSTÜCHER

Bienenwachstücher sind umweltfreundliche, aber auch eher kostspielige Neuanschaffungen. Aus alten Laken und Kissenbezügen lassen sich Bienenwachstücher ganz leicht selbst herstellen.

DU BENÖTIGST: KISSENBEZÜGE ODER LAKEN AUS BAUMWOLLE, EINE SCHERE, BACKPAPIER, BIENENWACHS UND EINEN PINSEL

Zunächst den Stoff zuschneiden. Zur Orientierung idealerweise an den Schüsseln und Behältnissen Maß nehmen, für die die fertigen Bienenwachstücher genutzt werden sollen. Den übrigen Stoff in unterschiedlich große Teile schneiden.

Ofen auf 100 Grad Celsius vorheizen. Den Stoff auf einem Stück Backpapier ausbreiten.

Das Bienenwachs gleichmäßig und großzügig über die Stoffteile raspeln. Anschließend in den Ofen legen, bis das Wachs geschmolzen ist.

Die Stoffstücke aus dem Ofen nehmen und das flüssige Wachs mit einem Pinsel verteilen, bis die gesamte Oberfläche mit einer Wachsschicht bedeckt ist. Abkühlen lassen, Backpapier vorsichtig abziehen und die Bienenwachstücher sind bereit zum Einsatz.

PFLANZTÖPFE AUS PLASTIKFLASCHEN

Die selbst gemachten Hängetöpfe eignen sich hervorragend, um Gartenzäune oder Balkongeländer mit Buschtomaten, Erdbeeren oder Kräutern zu verschönern.

DU BENÖTIGST: EINE PLASTIKFLASCHE, SCHNUR, FARBE UND PINSEL, EINEN BOHRER, EIN DÜNNES KUNSTSTOFFROHR ODER EINEN STABILEN AST (OPTIONAL)

Das Etikett von der Plastikflasche entfernen. Der Deckel bleibt auf der Flasche.

Auf einer Seite der Flasche ein Rechteck aus der Mitte ausschneiden und die Außenseite der Flasche mit Farbe bemalen.

Die Flasche so hinlegen, dass das ausgeschnittene Rechteck nach oben zeigt. Jeweils rechts und links des Ausschnitts ein Loch in die Flasche bohren. Die Flasche anschließend umdrehen und auch auf der gegenüberliegenden Seite zwei Löcher bohren. Die Löcher sollten möglichst genau übereinstimmen.

Anschließend ein Stück Schnur durch das obere sowie das untere Loch fädeln und jeweils über dem oberen als auch unter dem unteren Loch mit einem festen Knoten fixieren. Die Flasche wahlweise mithilfe eines stabilen Asts oder eines dünnen Kunststoffrohrs aufhängen. Die Pflanztöpfe können jedoch auch direkt am Gartenzaun oder dem Balkongeländer befestigt werden.

90 LAMPENSCHIRM AUS PLASTIKLÖFFELN

Eine elegante Möglichkeit, um gebrauchte Plastiklöffel nach einer großen Feier wiederzuverwenden – gespült, versteht sich!

DU BENÖTIGST: PLASTIKLÖFFEL, EINE GROSSE PLASTIKFLASCHE, EINE HEISSKLEBEPISTOLE, EIN TEPPICHMESSER, EINE KNEIFZANGE, EINE LAMPENFASSUNG, ISOLIERBAND (OPTIONAL)

Den Boden der Plastikflasche mit einem Teppichmesser abschneiden. Anschließend die Griffe von den Löffeln entfernen. Übrig bleiben nur die Löffelschalen.
Am unteren Ende der Flasche beginnen und die Löffel reihenweise um die Flasche herum festkleben. Die Löffelschalen zeigen nach unten und ragen ein paar Zentimeter über die Kante. Anschließend eine weitere Reihe ankleben, die die erste Reihe halb überlappt. Das Ganze wiederholen, bis die Flasche bis zum Hals bedeckt ist.
Die Lampenfassung durch den Flaschenhals einfädeln und die Glühbirne von unten einschrauben. Der Flaschenhals kann ganz nach Belieben gestaltet werden, zum Beispiel mit weiteren Löffeln oder mit schlichtem schwarzen Isolierband.

DEKORATIVE HEISSLUFTBALLONS AUS PLASTIKFLASCHEN

Diese Heißluftballons sind im wahrsten Sinne des Wortes kinderleicht zu basteln und sehen besonders hübsch aus, wenn sie erst einmal an der Decke hängen. Die perfekte Dekoration für Kinderzimmer und eine tolle Beschäftigung für kreative Kinder.

DU BENÖTIGST: EINE ZWEILITERFLASCHE AUS PLASTIK, EIN TEPPICHMESSER, FARBE UND PINSEL, EINE HEISSKLEBEPISTOLE ODER KREPPBAND

Das Etikett entfernen und den Mittelteil aus der Flasche herausschneiden. Das überschüssige Material kann recycelt werden.

Den oberen und den unteren Teil der Flasche entlang der Schnittkanten mit Heißkleber oder Kreppband zusammenkleben. Mit dem Schraubverschluss nach unten hängend sieht das Ganze schon jetzt aus wie ein Heißluftballon.

Anschließend mit Farbe bemalen. Breite Längsstreifen auf der oberen Hälfte lassen die Flaschen wie klassische Heißluftballons aussehen. Der Deckel stellt den Korb dar. Dieser muss nicht unbedingt bemalt werden, kann für den maximalen Effekt aber in einem helleren Farbton bemalt werden.

92 RUNDE PLATZSETS AUS PLASTIKTÜTEN

Platzsets aus Plastiktüten sind abwaschbar, widerstandsfähig und sehen mit den entsprechenden Tüten besonders bunt und originell aus. Bestens geeignet für Kinder, die gerne kleckern.

DU BENÖTIGST: EINE HEISSKLEBEPISTOLE, MINDESTENS ZEHN PLASTIKTÜTEN, NADEL UND FADEN

Die Plastiktüten einzeln auf der Arbeitsfläche ausbreiten und spiralförmig zerschneiden, um möglichst lange Plastikstreifen zu erhalten. Idealerweise sollte jeder Streifen circa 4 cm breit sein. Jeweils drei Plastikstreifen halbieren, sodass sechs gleich lange Streifen entstehen.

Nun jeweils drei Streifen zusammenflechten. Sobald du am Ende eines Streifens angekommen bist, knüpfe einen neuen an und flechte weiter, bis du einen langen Zopf erhältst.

Anschließend den Zopf zu einer großen Schnecke rollen und die einzelnen Reihen mit Nadel und Faden zusammenheften. Beginne von außen und arbeite dich mit lockeren Stichen nach innen vor. Die Zwischenräume zum Schluss noch einmal mit der Heißklebepistole verkleben. Hierbei die einzelnen Reihen der Spirale fest zusammendrücken, um sicherzustellen, dass am Ende alles gut hält.

Die Spirale wenden und fertig ist das Platzset.

EIN WANDAUFBEWAHRUNGS-SYSTEM AUS KUNSTSTOFFROHREN

Wenn du Stauraum in deinem Schuppen schaffen möchtest oder nicht weißt, wohin mit Wischmopp und Besen, kannst du dir aus ein paar alten Plastikrohren, wie zum Beispiel Abflussrohren, ein praktisches Wandaufbewahrungssystem bauen.

DU BENÖTIGST: EIN LANGES KUNSTSTOFFROHR, ZWEI HOLZLATTEN, SCHRAUBEN UND EINE SÄGE

Die Länge des Kunststoffrohrs hängt davon ab, wie viel Stauraum du schaffen möchtest. Rechne zweimal 10 cm Rohr pro Werkzeug.

Das Rohr in gleich lange Teile schneiden – zwei für jedes Werkzeug. Anschließend die beiden Holzlatten (circa 2,5 cm stark und 5 cm breit) horizontal an der Wand anbringen. Die Latten sollten so lang sein, dass am Ende alle Werkzeuge nebeneinander Platz haben.

Eine Latte kurz über dem Boden anbringen, die andere parallel und im Abstand von etwa einem Meter darüber befestigen. Anschließend die Rohrteile in gleichmäßigem Abstand an den beiden Latten anschrauben. Stell dabei sicher, dass jeweils zwei Rohrteile senkrecht übereinander hängen.

Nun kannst du sowohl Schaufeln und Laubrechen als auch Wischmopp und Besen von oben in die Rohre stellen und hast deine Gartenwerkzeuge und Putzutensilien immer griffbereit, wenn du sie brauchst.

94 WASCHMITTELFLASCHEN ZU GIESSKANNEN UMFUNKTIONIEREN

Eine leere Waschmittelflasche lässt sich ohne Weiteres in eine praktische Gießkanne verwandeln – und du kannst sogar selbst bestimmen, wie fein die Brause sein soll.

DU BENÖTIGST: EINE LEERE
WASCHMITTELFLASCHE, EINE NADEL
ODER EINEN BOHRER (OPTIONAL)

Die Verschlusskappe von der Waschmittelflasche abschrauben und mit einer heißen Nadel feine Löcher in die Oberseite des Deckels bohren. Die Nadel kann vorab mit einem Feuerzeug oder einem Streichholz erhitzt werden.

Je dünner die Nadel und je kleiner die Löcher, umso feiner die Brause – ideal, um Pflanzen mit empfindlichen Blüten zu bewässern, ohne sie zu beschädigen.

Größere Löcher erhält man hingegen mithilfe eines Bohrers. Damit lassen sich sowohl robustere Pflanzen als auch größere Flächen bewässern.

Abschließend die Flasche mit Wasser füllen, die Verschlusskappe wieder aufschrauben und ab ans Gießen.

SORTIERBOXEN AUS PLASTIKFLASCHEN

Wer zu Hause von herumliegenden Bausteinen und Spielzeugen geplagt wird, kann aus einer einfachen Plastikflasche praktische Sortierboxen zur Aufbewahrung basteln und sich dadurch viel Geld für teure Ordnungssysteme sparen.

DU BENÖTIGST: EINE GROSSE PLASTIKFLASCHE, EIN TEPPICHMESSER, EINEN SCHRAUBENZIEHER UND PASSENDE SCHRAUBEN

Die Flasche in der Mitte durchschneiden. Je größer die Aufbewahrungsmöglichkeit werden soll, desto näher solltest du die Flasche am Hals abschneiden. Für eine kleinere Aufbewahrungsmöglichkeit den Schnitt näher am Boden der Flasche setzen. Die Flasche schräg abschneiden, sodass der hintere Rand etwas höher ist als der vordere. Auf diese Weise kommen gerade kleine Kinder später leichter an ihre Spielsachen heran.

Die Flaschenhälften wahlweise bemalen, zum Beispiel farblich passend zur Einrichtung. Man kann die Gestaltung aber auch seinen Kindern überlassen.

Anschließend die beiden Hälften der Flasche mit der Öffnung nach oben am gewünschten Platz anbringen, zum Beispiel an der Seite einer Kommode oder am Schreibtisch. Der Schraubverschluss bleibt natürlich auf dem Flaschenhals, um zu verhindern, dass die Kleinteile wieder entkommen.

96 RASENSPRENGER AUS PLASTIKFLASCHEN

Eine Plastikflasche zum Rasensprenger umzufunktionieren, könnte nicht einfacher sein, spart an heißen Tagen garantiert eine Fahrt in das Gartencenter und lässt dich die Sommertage in vollen Zügen genießen.

DU BENÖTIGST: EINE PLASTIKFLASCHE,
PANZERTAPE, EINEN BOHRER
ODER EINE HEISSE NADEL

Um deinen eigenen Rasensprenger zu basteln, musst du lediglich mehrere Löcher in eine Plastikflasche bohren – entweder mit einer heißen Nadel oder einem Bohrer. Die Flasche kann liegend verwendet werden, mit zwei oder drei parallelen Lochreihen auf einer Hälfte der Flasche, oder aber stehend mit einer Reihe von Löchern, die rundherum in die Flasche gebohrt werden.

Den Gartenschlauch durch den Flaschenhals stecken, mit Panzertape befestigen und das Wasser aufdrehen. Wer auf die Verwendung von Klebeband verzichten möchte, kann den Schlauch alternativ auch über einen großen Stein oder Ähnliches von oben in die stehende Flasche führen.

PERLEN AUS GESCHMOLZENEN PLASTIKTÜTEN

Eine tolle Möglichkeit, um mit wenig Geld und Aufwand noch etwas Schönes aus seinem Plastikmüll zu machen.

DU BENÖTIGST: SAUBERE PLASTIKTÜTEN, BACKPAPIER, EIN BÜGELEISEN, BASTELKLEBER, ZAHNSTOCHER AUS HOLZ, SCHERE UND LINEAL

Die Plastiktüten in 8 x 8 cm große Quadrate schneiden. Jeweils zwei Quadrate übereinanderlegen und zwischen zwei Schichten Backpapier legen. Das Bügeleisen auf die niedrigste Stufe stellen und die Vierecke circa 30 Sekunden lang zusammenschmelzen.

Anschließend Dreiecke aus den verschmolzenen Tüten schneiden. Länge und Breite können selbst bestimmt werden: Je länger die Dreiecke, desto dicker die Perlen und je breiter die Dreiecke, umso länger die Perlen.

Entlang einer der beiden längeren Seiten des Dreiecks eine dünne Schicht Kleber auftragen. Anschließend das Dreieck von der kurzen Seite aus bis zur gegenüberliegenden Spitze um einen Zahnstocher herum aufrollen. Die Spitze des Dreiecks abschließend mit einem zusätzlichen Tropfen Kleber befestigen. Während der Kleber trocknet, den Zahnstocher hin und her bewegen, um sicherzustellen, dass er nicht an der Perle anklebt.

Das Ganze noch einmal gut trocknen lassen und zum Schluss den Zahnstocher entfernen.

98 SELBST GEMACHTES SPÜLMITTEL

Spülmittel selbst zu machen, ist nicht nur leichter als gedacht, sondern spart auch jede Menge Müll. Die zur Herstellung benötigte Naturseife ist meist in so großen Mengen erhältlich, dass man mit einer einzigen Flasche Naturseife gleich mehrere Flaschen Spülmittel ersetzen kann.

DU BENÖTIGST: 150 ML FLÜSSIGE NATURSEIFE, 150 ML WASSER, 1 TEELÖFFEL ZITRONENSAFT, 3 TROPFEN TEEBAUMÖL, 70 ML WEISSER ESSIG

Wasser und Flüssigseife vermischen.
Zitronensaft, Teebaumöl und Essig hinzugeben und verrühren, bis eine gleichmäßige Mischung entsteht.
Zur Aufbewahrung in eine passende Flasche füllen und zum Abspülen jeweils 2 Teelöffel davon verwenden.

SELBST GEMACHTER ALLZWECKREINIGER

Dieser Allzweckreiniger kombiniert das Beste vom Besten: Essig und Natron. Die Herstellung dauert lediglich fünf Minuten und spart im Vergleich zu gekauftem Reiniger somit nicht nur Plastikmüll, sondern auch wertvolle Zeit, die du sonst vielleicht in der Schlange vor der Kasse verbringen würdest.

DU BENÖTIGST: 150 ML ESSIG,
5 ESSLÖFFEL NATRON, 2 LITER WASSER

Zutaten in eine Flasche geben und gut mischen. Anschließend in eine Sprühflasche umfüllen oder einen Sprühkopf auf die Flasche schrauben, die du bereits zum Mischen verwendet hast – und fertig!

100 SELBST GEMACHTES KÖRPERPEELING

Für hausgemachte Körperpeelings benötigt man nicht mehr als Zucker und Kokosöl in gleichen Teilen. Die Mengen können je nach Bedarf und Größe des Aufbewahrungsgefäßes angepasst werden.

DU BENÖTIGST: 150 G KOKOSÖL,
150 G ZUCKER, EIN WASSERDICHTES GEFÄSS

Zucker und Kokosöl in einem wasserdichten Gefäß mischen, Deckel drauf und im Badezimmer aufbewahren.

MOSAIKBILDER AUS FLASCHENVERSCHLÜSSEN

Eine schöne Spiel- und Bastelidee, die kreative Kinder stundenlang bei Laune hält, ohne danach aufräumen oder gar putzen zu müssen.

DU BENÖTIGST: JEDE MENGE FLASCHENVERSCHLÜSSE, EINEN FESTEN KARTON, KLEBER ODER KLEBEBAND (OPTIONAL)

Ausschlaggebend für das Ergebnis dieser Bastelidee ist die Anzahl der Flaschenverschlüsse, die du zur Hand hast. Am besten sollten die Deckel möglichst unterschiedliche Farben haben.

Wenn deine Kinder eine Vorlage benötigen, zeichne vorab eine Form auf dem Karton auf, wie zum Beispiel einen Schmetterling oder einen Fisch. Die Formen können anschließend mit Schraubverschlüssen beklebt werden. Andernfalls können deine Kinder ihrer Fantasie aber auch einfach freien Lauf lassen.

Da Plastikverschlüsse besonders widerstandsfähig sind, kann das Mosaik wahlweise auch nur gelegt und die Schraubverschlüsse anschließend wieder eingesammelt werden, um sie zum Spielen aufzubewahren. Wenn dein Kind hingegen ein Bild machen möchte, das es an die Wand hängen kann, können die Flaschendeckel sowohl mit Bastelkleber als auch mit Klebeband fixiert werden.

NO PLASTIC!

Cover: Getty Images / krugli; Getty Images / iNueng; Getty Images / -slav-.
Innenteil: S. 7: Nadya_Art / Shutterstock.com; S. 9: Oceloti / Shutterstock.com; S. 10: stockish / Shutterstock.com; S. 11: CloudyStock / Shutterstock.com; S. 13: FishCoolish / Shutterstock.com; S. 6, 24, 25, 27, 33, 37, 39, 40, 41, 45, 47, 48, 52, 55, 56, 60, 61,64, 72, 73, 75, 76: RedKoala/Shutterstock.com; S. 6, 17, 18, 19, 20, 21, 23, 24, 26, 28, 29, 33, 34, 37, 38, 39, 40, 41, 51, 52, 53, 54, 56, 57, 59, 60, 61, 64, 65, 66, 67, 69, 70, 73, 83, 85: Bowrann / Shutterstock.com; S. 6, 19, 20, 21, 22, 24, 25, 27, 29, 31, 32, 33, 34, 38, 40, 41, 42, 50, 53, 56, 57, 59, 60, 61, 64, 70, 75, 76, 80, 81, 83, 85: ibrandify gallery / Shutterstock.com; S. 6, 25, 27, 40, 41, 56, 61, 64, 74, 84: notbad / Shutterstock.com; S. 6, 43, 44, 47, 53: Arcady/Shutterstock.com; S. 6, 89, 90, 93, 94, 96, 97, 98: Martial Red / Shutterstock.com; S. 6, 44, 89, 91, 95, 99, 100, 101, 102, 103, 104, 105, 106, 107, 108, 109: maglyvi / Shutterstock.com; S. 6, 92, 94, 106: InFinity / Shutterstock.com; S. 16, 36, 63, 78, 88, 111: nikiteev_-konstantin / Shutterstock.com.